D1751018

BRAINBOOK

MIT KINDERN ÜBER KRIEG UND ANDERE KATASTROPHEN SPRECHEN

Ein Leitfaden für Eltern, Lehrpersonen und Pädagogen

Rüdiger Maas & Dr. Eliane Perret

BRAINBOOK

Impressum

BrainBook UG (haftungsbeschränkt)
Am Sportfeld 8
65399 Kiedrich

ISBN:
Gebundene Ausgabe: 978-3-96890-115-2
E-Book: 978-3-96890-116-9

Alle Inhalte dieses Buches sind urheberrechtlich geschützt. Alle Rechte vorbehalten. Wer gegen das Urheberrecht verstößt, macht sich gem. §§ 106 ff. UrhG strafbar, wird zudem kostenpflichtig abgemahnt und muss Schadensersatz leisten (§ 97 UrhG).

DRUCK: BrainBook UG (haftungsbeschränkt) in Deutschland
Lektorat: Ann-Kristin Brümmer, Amanda Herbst und Antonia Knop

Die Zufriedenheit unserer Leserinnen und Leser hat für uns oberste Priorität.

Sollten Sie Fragen oder Anmerkungen haben, können Sie uns jederzeit unter kontakt@brainbook-verlag.de erreichen. Wir freuen uns auf Ihre Rückmeldung.

- brainbook_verlag
- www.brainbook-verlag.de
- kontakt@brainbook-verlag.de

Bewerben Sie sich doch als Testleser:in bei BrainBook!

Testleser:innen erwarten exklusive Vorteile:

- Sie erhalten kostenlose Leseexemplare.
- Sie können zum Entstehungsprozess unserer Bücher beitragen und dabei unverfälschte Einblicke in die Entwicklung eines Buches gewinnen.
- Sie haben die einmalige Möglichkeit, mit unseren Autor:innen in Kontakt zu treten.
- Wenn Ihr Feedback besonders hilfreich ist, werden Sie in dem Buch erwähnt.
- Ihr Exemplar des Buches wird Ihnen kostenfrei und schon Wochen vor der offiziellen Veröffentlichung zugesandt, sodass Sie sich weder um die Bestellung noch um verzögerte Lieferzeiten zu sorgen brauchen.

Wenn wir Ihr Interesse wecken konnten, bewerben Sie sich doch noch heute kostenlos als Testleser:in und werden Sie Teil des kreativen Teams.

Besuchen Sie
http://brainbook-verlag.de/testleser
oder scannen Sie bequem den QR-Code.

INHALTSVERZEICHNIS

Vorwort viii
Einleitung xi

Kapitel eins
Richtlinien für den Umgang mit der Krise 1

    Bleiben Sie sachlich 2
    Bewahren Sie Haltung 4
    Wenn Erwachsenen diskutieren und Kinder dabei sind 5
    Machen Sie etwas Positives 9
    Gönnen Sie sich und Ihren Kindern eine mediale Auszeit 10
    Bekämpfen Sie negative Denkweisen 12

Kapitel zwei
Krieg, Katastrophen und Medien 15

    Das Ganze ist negativer als die Summe seiner Teile 16
    Wir sehen die Katastrophen in unterschiedlichen Welten 18
    Welche Medien sind geeignet? 23

Kapitel drei
Wie ich mit meinen Kindern über den Krieg und andere Katastrophen spreche 25

    Wie spreche ich mit Vorschulkindern? Oder: Eine Frage ist eine gute Antwort! 26

Auch das Timing ist wichtig. Oder: Gut Ding will Weile haben 30
„Mama, was ist eigentlich ein Krieg?" 32
Wie spreche ich mit Grundschulkindern zwischen 6 und 10 Jahren? 36
Wie spreche ich mit Kindern zwischen 10 und 13 Jahren? 38
Wie spreche ich mit Jugendlichen ab 13 Jahre? 40
    Jugend und Individualität 41

Kapitel vier
Nicht nur in der Familie haben Kinder und Jugendliche Fragen 45

Ihr pädagogischer Auftrag 48
Was tun, wenn vom Konflikt betroffene Kinder in der Klasse sind? 51
Die Perspektive der Kinder einnehmen 53
Fragen stellen, Gesprächsregeln und Rituale einhalten 54
Erfahrungen aus der Friedenspädagogik einbeziehen 56

Kapitel fünf
Projektbeispiele für die Schule und außerfamiliäre Betreuungsangebote 59

Projekte und Themen mit Grundschulkindern zwischen 6 und 10 Jahren ... 62
    Handabdrücke – wir gehören alle zur Menschheitsfamilie 62
    Sich einfühlen lernen 63
    Eigenständigkeit fördern: do it yourself – ich kann es selbst 64
Projekte und Themen mit Kindern zwischen 10 und 13 Jahren 66
    Henri Dunant – gleichwertige Hilfeleistung 66
    Pablo Picasso – mit Pinsel und Stift für den Frieden 66
    Partnerschule – sich mit den Kindern der Welt verbinden 67
    Folgen des Krieges – Empathie fördern 68

Projekte und Themen mit Jugendlichen ab 13 Jahre 69
    Menschenrechte – Begegnungen mit Respekt und gegenseitiger Achtung 69
    Humanitäres Völkerrecht – auch im Krieg gelten Regeln 70
    Manipulationstechniken in Bild und Film entdecken 71
    IKRK – Hilfeleistung bei Katastrophen und im Krieg 72

Kapitel sechs
Literaturverzeichnis 73

> In diesem Buch wird aus Gründen der besseren Lesbarkeit das generische Maskulinum verwendet. Weibliche und anderweitige Geschlechteridentitäten werden dabei ausdrücklich eingeschlossen, soweit es für die Aussage erforderlich ist.

«Mögen Ratgeber wie dieser irgendwann nicht mehr notwendig sein.»

Maas & Perret im Mai 2022

VORWORT

Regel 1:   Wir wollen keinen Krieg.
Regel 2:   Das feindliche Lager trägt die alleinige Schuld am Krieg.
Regel 3:   Der Feind hat dämonische Züge (oder: „Der Teufel vom Dienst").
Regel 4:   Wir kämpfen für eine gute Sache und nicht für eigennützige Ziele.
Regel 5:   Der Feind begeht mit Absicht Grausamkeiten. Wenn uns Fehler unterlaufen, dann nur versehentlich.
Regel 6:   Der Feind verwendet unerlaubte Waffen.
Regel 7:   Unsere Verluste sind gering, die des Gegners aber enorm.
Regel 8:   Die Sache wird von Künstlern und Intellektuellen unterstützt.
Regel 9:   Unsere Mission ist heilig.
Regel 10: Wer unsere Berichterstattung in Zweifel zieht, ist ein Verräter.[1]

Erinnern Sie sich noch an 9/11? Viele von uns wissen sogar noch genau, was sie davor oder danach getan haben. Aber auch an die Suche eines Schuldigen. Gut 20 Jahre später berührt uns erneut ein schockierendes Ereignis: der Krieg zwischen Russland und der Ukraine. Nun haben wir Sie gleich zu Beginn mit den Regeln der Kriegspropaganda konfrontiert, die Lord Arthur Ponsonby vor knapp 100 Jahren entworfen hat. Ponsonby war Schriftsteller und wie sein Vater Sir Henry, der wiederum der Privat-

---

[1] Vgl. Morelli, 2021 [dt. Übersetzung: Die Prinzipien der Kriegspropaganda].

sekretär der damaligen Königin Victoria war, ein pazifistischer Politiker in Großbritannien. Als Pazifist plädierte Arthur Ponsonby gegen den Kriegseintritt seines Landes im Jahr 1914. Auch beim nachfolgenden Zweiten Weltkrieg forderte er sein Land auf, alles dafür zu tun, einen weiteren großen Krieg zu verhindern. Es fiel ihm auf, dass Krieg immer mit Lügen und Propaganda verbunden ist. Das motivierte ihn zu genaueren Recherchen. Was er herausfand, hielt er in seinem Buch „Lüge in Kriegszeiten"[2] fest, worin er eine Sammlung von Lügen vereinte, die während des ersten Weltkriegs unter den verschiedenen Bevölkerungen im Umlauf waren. Die belgische Historikerin Anne Morelli systematisierte und aktualisierte die von ihm beschriebenen Beobachtungen und formulierte darauf aufbauend zehn Prinzipien der Kriegspropaganda. Das sind die Regeln, die Sie zu Beginn des Vorwortes gelesen haben. Sie lassen sich auf jeden Krieg übertragen und helfen Ihnen, die einen Krieg begleitenden Medienerzeugnisse zu bewerten und einzuordnen.

Wenn wir ehrlich sind, können wir uns alle den Auswirkungen der Kriegspropaganda nur schwer entziehen, egal welcher Seite wir uns eher zugehörig fühlen. Wir unterliegen unseren eigenen Wahrnehmungsverzerrungen und Zuschreibungen, aber auch unseren Ängsten und Hoffnungen.

Krieg ist etwas Brachiales und Grausames, etwas, was oft unsere Vorstellung des Möglichen überschreitet. Heute wird durch Social Media nahezu in Echtzeit über das aktuelle Kriegsgeschehen berichtet und wir bekommen aktuellste Bilder aus Krisengebieten auf unsere Smartphones geschickt.

---

[2] Vgl. Ponsonby, 1999.

Wir werden von der Fülle der Kriegsnachrichten überrollt und sind darum oft befangen in unserer Wahrnehmung und Meinungsbildung. Wie sollen wir damit umgehen? Wie können wir mit Kindern und Jugendlichen über Krieg und anderen Katastrophen sprechen? Auch Naturkatastrophen kommen oft unvermittelt und sind schwer vorhersehbar. Sie erschüttern uns wie auch die Kriege durch die Verwüstungen und das große Leid, das sie hinterlassen.

Mit diesem Buch erhalten Sie einen roten Faden und das nötige Hintergrundwissen, um sicher mit diesem sensiblen Grenzthema umzugehen, wenn Sie mit Ihren Kindern darüber sprechen. Denn leider ist uns auch heute der Krieg näher, als uns lieb ist.

EINLEITUNG

Kinder bekommen in der Regel mit, wenn etwas passiert. Kinder wissen über sehr schlimme Ereignissen oft besser Bescheid, als Erwachsene glauben. Sei es etwa über die aktuellen Kriegsgeschehnisse in der Ukraine, die Flutkatastrophe im Ahrtal, Hungersnöte oder Vertreibungen an vielen Orten dieser Erde. Sie können es beiläufig oder direkt durch einen Fernsehbeitrag, einen Radiobericht oder Social Media-Beiträge erfahren.

Das bedeutet, Kinder sehen aktuell zum Beispiel Interviews und Berichte zum Kriegsgeschehen in der Ukraine. Sie sehen Familien, die mit ihrem Hab und Gut in U-Bahn-Schächten in Kiew sitzen und unter unwirklichen Bedingungen leben müssen. Sie sehen weinende Eltern und weinende Kinder. Vor einigen Monaten haben sie Bilder von Menschen gesehen, die bei den Überschwemmungen im Ahrtal ihre Habseligkeiten oder gar Angehörige verloren haben. Als Erwachsene sind wir emotional berührt und fühlen uns möglicherweise mitschuldig angesichts dieser Bilder. All das bekommen auch unsere Kinder mit. Nur können sie solche Bilder oft noch nicht richtig einschätzen und sich innerlich von ihnen distanzieren. Sie träumen möglicherweise davon oder verspüren Angst. Auch ältere Kinder, die die Bilder bereits als journalistischen Beitrag einordnen können, bleiben mit vielen Fragen und den Bildern oft allein. Was gilt es hier zu tun?

KAPITEL | EINS

RICHTLINIEN FÜR DEN UMGANG MIT DER KRISE

Die Überflutung des Ahrtals im Sommer 2021, das schwere Erdbeben in Haiti vor einigen Jahren oder der noch länger zurückliegende verheerende Tsunami in Südostasien: Fast immer sind unsere täglichen Nachrichten von negativen Berichten dominiert. Aktuell werden wir beinahe überschwemmt von Nachrichten, die den Krieg in der Ukraine betreffen.

Wenn wir in Ruhe auf die Fragen der Kinder und Jugendlichen zum Krieg oder auch zu Katastrophen eingehen möchten, müssen wir auch selbst mit den Nachrichten zurechtkommen, mit denen wir täglich konfrontiert werden. Sind wir direkt vom Geschehen betroffen oder jemand aus unserem näheren Umfeld, nehmen wir Nachrichten oft weniger sachlich entgegen, als wenn wir nur indirekt mit einem solchen Geschehen in Berührung kommen. Immer aber wühlen uns die Bilder auf und lösen Emotionen aus. Wichtig ist, dass Sie sich vor dem Gespräch mit Kindern und Jugendlichen selbst Klarheit verschaffen.

Bleiben Sie sachlich

Gerade in Kriegszeiten ist es umso schwerer, einen klaren Kopf zu behalten, weil wir es oft mit aufrüttelnden und negativen Nachrichten zu tun haben, die uns selbst treffen und mitfühlen lassen. Dabei spielt das Verhalten der Erwachsenen gegenüber den Kindern und Jugendlichen eine große Rolle. Sitzen wir ruhig vor den Nachrichten oder werden wir selbst panisch?

Wie sich Erwachsene verhalten, überträgt sich auch auf die Kinder und Jugendlichen. Diese beobachten die Erwachsenen ganz genau und orientieren sich an deren Verhalten. Sie übernehmen Verhalten umso stärker, je mehr sie sich mit ihrem Modell, also den Erwachsenen, identifizieren. Dazu hat der kanadische Psychologe Albert Bandura in der zweiten Hälfte des letzten Jahrhunderts bahnbrechende Untersuchungen vorgenommen und erforscht, wie Kinder durch Beobachtung und Nachahmung lernen.[3] Seither wissen wir um die Bedeutung von Vorbildern bei der Übernahme und dem Lernen neuen Verhaltens. Wenn Erwachsene panisch reagieren, werden sehr wahrscheinlich auch die Kinder den Negativnachrichten mit einem ungutenGefühl begegnen und Angst empfinden. Gerade Eltern und andere nahestehende Bezugspersonen müssen sich deshalb ihrer Vorbildrolle bewusst sein, die sie bereits mit ihrer Reaktion auf Berichte und Beiträge für ihre Kinder innehaben, und dürfen sich trotz eigener Ängste und Sorgen nicht von der Emotionalität, die mit diesen Ereignissen verbunden ist, mitreißen lassen, weil sie sonst diese unbewusst und ungewollt an ihr Kind weitergeben könnten.

Sachlich zu reagieren ist nicht einfach. Versuchen Sie, auf Negativnachrichten nicht vorschnell zu reagieren, sondern sich vor Ihrer Antwort etwas Zeit zum Nachdenken zu lassen. Halten Sie einige Sekunden inne, bevor Sie reagieren. Das hilft Ihnen, Ihre Emotionen zu kontrollieren, Argumente zu sortieren und gelassener zu bleiben. Das bedeutet nicht, dass Sie auf Ihr Kind ohne Emotionen oder gar empathielos reagieren sollten. Im Gegenteil: Gehen Sie einfühlsam auf Ihr Kind ein! So können Sie vermeiden, eigene negative Gefühle oder Gefühle der Unsicherheit ungebrochen auf Ihr Kind zu übertragen.

Unterlassen Sie unbedingt Spekulationen. Wenn Sie sich unsicher sind, wie Sie eine Nachricht einordnen sollen, äußern Sie Ihre Unsicherheit, aber vermeiden Sie es, über Gründe zu rätseln. Sonst verstärken Sie die

---

[3] Diese Theorie wird auch als "Lernen am Modell", "sozial-kognitive Lerntheorie" oder "Modelllernen" bezeichnet.

Wirkung der Negativnachrichten bei den Kindern und Jugendlichen. Mutmaßungen der Erwachsenen über mögliche Gründe eines Geschehens, die von den Kindern noch gar nicht verstanden werden können, rufen bei ihnen weitere Fragen hervor und steigern die kindliche Unsicherheit. Die Kinder bleiben beunruhigt hinter den offenen Fragen zurück.

Wenige Erwachsene sind sich der Macht bewusst, die die Berichterstattung – speziell über Katastrophen- oder Kriegssituationen – auf sie hat. Wenn Sie das reflektieren, werden Sie bestimmt versuchen, sich trotz eigener Ängste und Sorgen nicht einfach mitreißen zu lassen und unbewusst, und somit ohne es zu wollen, Ihre Ängste an die Kinder und Jugendlichen weiterzugeben.

Bewahren Sie Haltung

Unsere Aufgabe als Eltern oder andere wichtige Beziehungspersonen ist es, den Kindern und Jugendlichen Mut zu machen, ihnen Vorbild zu sein und Hoffnung zu geben, sodass wir deren Gefühlslage nicht unnötig belasten. Das gelingt uns umso besser, wenn wir uns selbst die Zeit geben, uns sorgfältig zu informieren, damit wir einen eigenen, begründeten Standpunkt finden und die eigenen Handlungsmöglichkeiten ausloten können. Suchen Sie das Gespräch mit anderen Erwachsenen, tauschen Sie sich aus und schaffen sich so die Grundlagen für eine eigene Meinung. Durchdenken Sie die Ansicht Ihrer Gesprächspartner und überprüfen Sie, ob es sich um seriöse Quellen handelt. Das lichtet den Gedankennebel und gibt innere Stärke, die gerade in belastenden Zeiten wichtig ist. Das wiederum gibt Ihnen Mut, gegen negative Nachrichten anzukämpfen. Und diese Stimmung überträgt sich auch auf Ihre Kinder und Jugendlichen. Sie spüren zwar Ihren Ernst, aber sie merken auch, dass Sie Wege sehen, mit der Situation umzugehen. Zeigen Sie, dass die Lage nicht hoffnungslos ist, sprechen Sie mit Ihren Kindern darüber, wie sie gemeinsam für eine gute Sache aktiv werden könnten.

Wenn Erwachsenen diskutieren und Kinder dabei sind

Der Esel sagte zum Affen: „Das Gras ist blau." Der Affe erwiderte: „Nein, ist es nicht, das Gras war und ist grün!"

„Nein, ist es nicht, es ist blau!", antwortete der Esel zornig und wiederholte mehrmals seine Aussage. Innerhalb kürzester Zeit stritten sich die beiden derart über die Farbe des Grases, dass der Affe beschloss, zum Löwen zu gehen, der, als unabhängiger Dritter und König der Tiere, die wahre Farbe des Grases nennen sollte.

Beide Tiere gingen zum Löwen und erklärten das Problem. Der Löwe sagte zum Esel: „Wenn du glaubst, dass das Gras blau ist, dann ist es für dich blau." Der Esel freute sich und ging wieder heim. Im Anschluss wandte sich der Löwe zum Affen und sagte: „Du bekommst ab morgen drei Tage Sprechverbot." Der Affe fragte voller Verwunderung: „Wieso werde ich bestraft? Lieber Löwe, du weißt doch auch, dass das Gras grün ist, ich habe recht!" Der Löwe antwortete: „Ich bestrafe dich nicht wegen der Farbe des Grases. Ich bestrafe dich, weil du alles tun wolltest, nur um dem Esel zu zeigen, dass du recht hast. Auch wenn du recht hast, musst du nicht immer deinen Kopf durchsetzen und anderen deine Meinung aufzwängen."

Diese Kindergeschichte aus Südafrika verdeutlicht, dass in manchen Situationen tatsächlich die Umgebung, das Ziel oder der Grund einer Diskussion aus dem Blickfeld verloren geht. Auch kann es passieren, dass wir so eingenommen von unserer Position sind, dass wir die des anderen nicht mehr einnehmen und nachvollziehen wollen. In solche Situationen können wir schnell geraten, wenn wir etwa per Zufall oder ohne es zu beabsichtigen mit einem anderen Erwachsenen in eine Diskussion gelangen, wenn zum Beispiel die andere Person eine konträre Meinung zum Kriegsgeschehen hat, die unser Weltbild auf den Kopf stellen würde. Das können wir so nicht stehen lassen und schon sind wir mitten im Geschehen und beachten gar nicht mehr, dass unsere Kinder dabei sind und mithören.

Selbstverständlich wirft dieses Beispiel auch die Frage auf, warum man eine solch offensichtlich falsche Behauptung stehen lassen soll. Es gehört zu den Aufgaben von Erziehenden, einem Kind behilflich zu sein, sich eine eigene Meinung zu bilden und ihm auch den nötigen Spielraum dazu zu lassen. Sie müssen natürlich korrigierend eingreifen, wenn es menschenverachtende Meinungen übernimmt, aber der Schwerpunkt des Beispiels soll darauf liegen, dass man ruhig auch einmal eine Meinung unkommentiert lassen kann. Manchmal ist das weniger schwerwiegend als die negativen Nebeneffekte für das zuhörende Kind. Denken Sie einmal an das Zitat, das Voltaire einst gesagt haben soll: „Ich teile Ihre Meinung nicht, aber ich werde bis zu meinem letzten Atemzug dafür kämpfen, dass Sie Ihre Meinung frei äußern können."

Kinder bekommen oft Diskussionen ihrer Eltern untereinander mit, aber auch Diskussionen mit anderen Erwachsenen. Die vielen Tipps, die Sie beachten, wenn Sie mit ihrem Kind über etwas sprechen, sind am Ende obsolet, wenn Sie vor Ihren Kindern in einem Streitgespräch eine „neue", zusätzliche Version des Geschehens darstellen, die ursprünglich nicht für Kinderohren bestimmt war. Das kann schnell passieren, wenn Sie im Gespräch so vertieft auf jemanden, der anderer Meinung ist, eingehen, dass Sie in eine hitzige Diskussion verfallen. Sie sprechen womöglich offen über die Kriegsgeschehnisse, ergreifen Partei, nennen Ross und Reiter. All das bekommt Ihr Kind mit, weil Sie im Eifer des Gefechts außer Acht gelassen haben, dass es Ihnen auch dann zuhört, wenn Sie es nicht direkt ansprechen.

Wie stark ein Erwachsener auf seiner Meinung beharrt, wird in der Psychologie als „Hartnäckigkeit" bezeichnet. Wie hartnäckig ein Einzelner ist, ist individuell unterschiedlich ausgeprägt. Ein Erwachsener, der sehr hartnäckig ist, verfolgt weiterhin sein Ziel, auch wenn unerwartete Schwierigkeiten auftauchen, die es viel komplizierter und aufwendiger machen, das Ziel zu erreichen. Eine Person, die weniger hartnäckig und eher nachgiebig ist, lässt sich bei unerwarteten Schwierigkeiten schneller von ihrem ursprünglichen Weg abbringen und steckt sich lieber neue Ziele.[4] Ob jemand eher hartnäckig oder eher nachgiebig ist, ist weder gut noch schlecht. Beide Ausprägungen eröffnen Möglichkeiten, schließen aber auch Türen: Sehr nachgiebige Personen sind in der Regel eher kompromissbereit, können sich aber infolgedessen weniger gut in Diskussionen durchsetzen. Hartnäckige Personen gehen in Diskussionen häufiger als Sieger hervor, können aber schwer von ihrer Meinung abrücken, auch wenn sie im Unrecht sind.

Wenn Erwachsene miteinander diskutieren und Kinder zuhören, müssen gerade hartnäckige Erwachsene aufpassen: Es besteht nämlich die Gefahr, dass sie sich in der Diskussion „festbeißen" und wie im „Tunnelblick" ihre Umgebung vergessen. Weil der Erwachsene unbedingt recht haben möchte, beachtet er das Kind daneben nicht mehr. Dieses bekommt beispielsweise Wortfetzen am Telefon mit oder hört im Auto oder zu Hause zu und versucht daraufhin, die Wissenslücken selbst zu schließen.

Nun müssen Sie mühsam die Scherben wieder aufsammeln und für Ihr Kind vorsichtig die entstandenen Bilder einordnen. Wenn Sie wissen, dass Sie dazu neigen, bei unerwarteten Situationen, wie zum Beispiel einer

---

[4] Der hier verwendete psychologische Begriff von Hartnäckigkeit geht auf das „Rubikon-Modell" des deutschen Psychologen Heinz Heckhausen (vgl. Heckhausen, Gollwitzer & Weinert, 1987, Gollwitzer, 1991) zurück.

(emotionalen) Diskussion, unbedingt recht behalten zu wollen, denken Sie an den Rat des Löwen oder versuchen Sie, wenn möglich, solchen Situationen gänzlich aus dem Weg zu gehen – nicht nur, wenn Ihr Kind anwesend ist.

Machen Sie etwas Positives

Es ist völlig in Ordnung und tut Ihnen gut, etwas Positives für sich und Ihre Kinder zu machen, anzuschauen oder zu unternehmen, auch wenn sich eine Katastrophe ereignet hat oder ein Krieg herrscht. Sich ständig damit zu beschäftigen, kann zu belastend werden. Denn wenn man genau darüber nachdenkt, ereignet sich leider immer irgendwo irgendetwas. Es ist kein Widerspruch, sondern Ihre Aufgabe, Solidarität mit den Betroffenen zu empfinden und gleichzeitig um eine angenehme Situation für Ihre

Kinder bemüht zu sein. Unternehmen Sie etwas und lenken Sie sich und Ihre Kinder ab! Eine Auszeit, ein kurzes „Timeout"[5] vom Alltag gibt Ihnen und Ihren Kindern den nötigen Abstand, um der momentanen negativen Weltlage mit neuer Kraft und Zielgerichtetheit entgegenzutreten.

Gönnen Sie sich und Ihren Kindern eine mediale Auszeit

Vereinbaren Sie mit Ihrem Kind zusätzlich Nutzungsregeln, auch bei den Social-Media-Kanälen. Nutzungsregeln verhindern, sofern sie eingehalten werden, dass der Konsum digitaler Medien ungewollt zunimmt. Eltern unterschätzen in der Regel die Zeit, die ihre Kinder tatsächlich vor den digitalen Geräten verbringen. Häufig sind es nämlich die Momente, in denen die Eltern keine Zeit für die Kinder haben, in denen diese vor dem Bildschirm sitzen. Oft sind es auch die Warte- oder Fahrtzeiten zwischen den Schulstunden, auf dem Weg zum Arzt oder zum Sport, in welchen Kinder das Smartphone oder Tablet zücken können. Diese Zeit summiert sich über den Tag. Nutzungsregeln helfen, genau diese Momente und Wartezeiten zu kontrollieren und einen bewussten Medienkonsum anzuleiten.

---

5 Der Begriff „Timeout" bezeichnet in der Verhaltenstherapie das Herbeiführen einer Kontextänderung, die das Ziel hat, dass Personen ein problematisches Verhalten nicht mehr zeigen, weil sie hierzu keinen Anreiz mehr sehen.

Es ist wichtig für Sie, aber auch für Ihr Kind, regelmäßig eine Medienauszeit wahrzunehmen. Legen Sie Zeiten fest, in denen sich das Kind ohne Ablenkung in der digitalen Welt bewegen darf. Sorgen Sie aber auch dafür, dass ein klares „Timeout" stattfindet. Das bedeutet: Limitieren Sie die digitalen Zeiten ihres Kindes und sorgen Sie dafür, dass es nicht aus Langeweile zum Smartphone oder Tablet greifen kann. Kümmern Sie sich dann am besten um eine tablet- und smartphonefreie Umgebung. Das ist besonders wichtig, damit das digitale Gerät nicht die Aufmerksamkeit Ihres Kindes abgreifen kann. Denn selbst wenn die digitalen Geräte ausgeschaltet sind, wirken sie auf uns: Allein die physische Präsenz des Smartphones stiehlt unsere Aufmerksamkeit. Forscher haben herausgefunden, dass sich die Schulleistungen von Kindern umso stärker verschlechtern, je näher das Smartphone ist. Ein ausgeschaltetes Smartphone, das sich auf dem Tisch befindet, fordert deutlich mehr Aufmerksamkeit ein als ein eingeschaltetes Smartphone, das sich außerhalb des Raumes befindet.[6] Hört sich an wie Magie, ist aber ein Zeichen, dass unsere Gedanken als auch jene unserer Kinder permanent um die digitalen Geräte kreisen. Wir werden regelrecht von ihnen in den Bann gezogen.

Die „digitalen Timeouts" helfen Ihnen und Ihrem Kind dabei, dem Sog der Negativnachrichten zu entgehen. Sind digitale Geräte nämlich ein permanenter Begleiter in unserem Alltag, fesseln sie unsere Aufmerksamkeit – und diese ist begrenzt. In der Psychologie spricht man von der Theorie der „begrenzten Aufnahmekapazität": Je mehr Tätigkeiten eine Person zur gleichen Zeit ausführt, desto weniger Aufmerksamkeit bleibt für die einzelne Tätigkeit übrig.[7] Wir können uns beispielsweise unterhalten und anschließend einem Freund via Facebook Messenger antworten. Wir können auch beides gleichzeitig tun, nur eben halb so gut. Beides gleich gut geht nicht. Die Aufmerksamkeit teilt sich zwischen dem analogen und dem digitalen Unterhaltungspartner. Unsere Kinder befinden sich oft in einer „Analog-Digitalen-Zwischenwelt". Nichts funktioniert in diesen Momenten so richtig, die halbe Aufmerksamkeit erhält die digitale, die andere Hälfte die analoge Welt.

Bekämpfen Sie negative Denkweisen

Der Stroop-Effekt[8] besagt, dass trainierte Handlungen den untrainierten überlegen sind. Es fällt uns schwerer, Farben von bunten Wörtern zu benennen, wenn die Farbwörter nicht in ihrer Farbe abgebildet sind, also das Wort „grün" in blauer Farbe steht oder das Wort „rot" in grüner Far-

---

6 Vgl. Maas, 2021; zit. n. Ward, Gneezy & Bos, 2017.
7 Vgl. Mangold, 2007
8 Der US-amerikanische Psychologe John Ridley Stroop formulierte im Jahr 1934 den Stroop-Effekt.

be. Wir haben die Farben in der Regel vor den Buchstaben gelernt. Trotzdem fällt es uns sehr schwer, die Farben der Wörter zu benennen, da wir immer zuerst dazu tendieren, die Wörter zu lesen. Schließlich sind wir weitaus trainierter darin, zu lesen, als Farben zu benennen. Der Trainingszustand entscheidet nämlich, was zuerst in unseren Wahrnehmungsfokus gelangt. Das hat auch Auswirkungen auf unser Gehirn: Je mehr wir eine bestimmte Tätigkeit trainieren, desto breiter wird der Trampelpfad im Hirn für die Wahrnehmung dieser Tätigkeit. So nehmen wir auch negative Nachrichten intensiver wahr. Denn mit diesen werden wir tagtäglich zugeschüttet. Durch intensiven Konsum negativer Nachrichten verbreitert sich der Trampelpfad in unserem Hirn langsam zu einer gut befahrbaren Straße. Wir sind es schlichtweg gewöhnt, mehr Negativnachrichten wahrzunehmen als Positivnachrichten. Negative Nachrichten haben dadurch immer leichteres Spiel, in unsere Wahrnehmung zu gelangen.

Selbst wenn wir es uns vornehmen, gelingt es uns oft nicht, die negativen Nachrichten durch positive Nachrichten „auszugleichen". Denn die Katastrophen und Kriege erzeugen Bilder in uns, die oft offen und unbeantwortet bleiben und wir versuchen, diese zu schließen, zu beantworten oder einfach zu verstehen. Sie kennen dieses Phänomen, wenn Sie zum Beispiel Buchstaben nur zur Hälfte sehen. Unsere Wahrnehmung akzeptiert diese neue Form erst gar nicht, sondern schließt das Bild und vervollständigt den Buchstaben zu einem kompletten Wort. Gleiches passiert beim Nachrichtenkonsum: Wir vervollständigen das vermeintlich Offene, das für uns Ungeklärte und bekommen so ein subjektives Zerrbild einer negativen Realität. Aus diesem Wunsch des Schließens konsumieren wir eine Unmenge an (wieder hauptsächlich negativen) Nachrichten, Zeugen- oder Expertenaussagen. Wie können wir also unseren Kindern Hoffnung geben und Vorbilder sein, wenn wir selbst durch eine große negative Datenspur im Gehirn und durch unzählige negative Nachrichten beeinflusst werden, die sich auch noch in unserer Wahrnehmung potenzieren?

Sagen Sie Negativem den Kampf an! Durch die Art, wie Sie sprechen, beeinflussen Sie auch die Art, wie Sie sich fühlen und wie Ihre Botschaft von anderen aufgenommen wird. Wörter haben eine große Kraft: Sie können unsere Gefühle und Gedanken beeinflussen und sich auf die Bewertung unserer weiteren Worte niederschlagen. Wenn Sie sich bemühen, im allgemeinen Sprachgebrauch mehr positive Wörter zu verwenden, werden bei Ihnen Glückshormone frei. Das wirkt sich nicht nur positiv auf Sie selbst, sondern auch auf Ihre Zuhörer aus, die sich dann mit einem positiv gestimmten Gesprächspartner unterhalten dürfen. Sie befinden sich dann, zusammen mit Ihren Gesprächspartnern, in einer Aufwärtsspirale. Und: Wenn es möglich ist, lächeln Sie beim Sprechen. Forscher haben entdeckt, dass auch hier Glückshormone ausgeschüttet werden und uns dann mehr positive Wörter einfallen.

KAPITEL | **ZWEI**

KRIEG, KATASTROPHEN UND MEDIEN

Das Ganze ist negativer als die Summe seiner Teile

Ein Prinzip der Psychologie besagt, dass Nähe, Ähnlichkeit und Nachvollziehbarkeit eines Reizes verstärkend auf unsere Wahrnehmung wirken.[9] Die zugehörigen Beobachtungen werden in den sogenannten „Wahrnehmungsgesetzen" formuliert.[10] Das Prinzip der Nähe besagt, dass wir die Geschehnisse umso intensiver wahrnehmen, je näher uns ein Kriegsgeschehen ist oder je näher uns die Kultur eines im Krieg stehenden Landes scheint. Im Jemen oder in Syrien herrscht beispielsweise seit Jahren Krieg und trotzdem nehmen viele den ukrainischen Krieg intensiver wahr. Der ukrainische Alltag ist nämlich für die meisten näher, ähnlicher oder nachvollziehbarer als der jemenitische oder syrische Alltag.

Für die Entwicklung des heutigen Menschen war es überlebensnotwendig, Negatives intensiver wahrzunehmen als Positives. Das rechtzeitige Wahrnehmen von negativen Situationen bewahrte unsere Vorfahren vor Feinden, wilden Tieren und damit bestenfalls vor dem Tod. Evolutionär war dieses Verhalten schlüssig und sinnvoll. Heute agieren wir allerdings teilweise nach wie vor so. Psychologen nennen diese „Negativitätsverzerrung" auch gerne „Negativity Bias".

Wir wollen wissen, was in der Ukraine passiert, deswegen können wir schnell in den Sog negativer Nachrichten rutschen. Sehen Sie und Ihre Kinder vornehmlich negative Nachrichten und Beiträge, kann das negative Auswirkungen auf Ihre Psyche, aber vor allem auf die Psyche Ihrer Kinder haben. Denn das kindliche Gehirn steckt noch mitten in der Entwicklung und ist durch äußere Einflüsse stärker beeinflussbar als das

---

[9] Die sogenannten „Prinzipien der perzeptuellen Organisation" wurden durch einige Wissenschaftler formuliert. Zu diesen zählen: Kurt Koffka (1935), Wolfgang Köhler (1947) und Max Wertheimer (1923).
[10] Vgl. Mangold, 2007, S. 103 bis 106.

Gehirn von Erwachsenen. Wird das Gehirn auf lange Zeit vielen negativen Reizen ausgesetzt, wird es auf das Wahrnehmen dieser Reize trainiert. Wie sich ein Trampelpfad im Wald immer weiter verbreitern wird, je mehr Personen ihn gehen, wird unsere Spur im Gehirn breiter und gefestigter, je mehr negativ Reize einströmen.

Deswegen sollten wir, um den Negativity Bias zu umgehen oder abzuschwächen, im Gegenzug auch positive Beiträge ansehen – und zwar weitaus mehr als negative. Das können die Psychologen Paul Rozin und Edward Royzman erklären. Die beiden stellten in Forschungen fest, dass die negativen Wahrnehmungen stärker als positive auf uns wirken, auch wenn die positiven Nachrichten in der Überzahl sind.[11] Sehen wir also über den Tag verteilt gleich viele negative wie positive Berichterstattungen (was ohnehin kaum möglich sein wird), wirken die negativen Nachrichten insgesamt deutlich stärker auf uns. Das können Sie auch an sich

---
11 Vgl. Rozin & Royzman, 2001.

selbst beobachten: Versuchen Sie einmal, den gestrigen Tag komplett mit positiven Wörtern zu beschreiben… Nun machen Sie das gleiche Spiel nochmals und verwenden aber ausschließlich negative Wörter.

Sie haben vielleicht bemerkt, dass es Ihnen deutlich leichter fiel, negative Worte zu finden. Mit den positiven Begriffen haben Sie sich wahrscheinlich eher schwergetan. Hier können Sie Ihre eigene negative Datenspur im Gehirn bemerken. Sie hat dafür gesorgt, dass Sie mehr Vokabular für negative Dinge haben als für positive. So gibt es in der deutschen Sprache beispielsweise auch mehr Wörter für negative Gefühle. Und auch hierbei hat sich die Evolution etwas gedacht: Positive Gefühle bereiten uns zwar mehr Freude, doch negative Gefühle wie Ärger, Angst oder Ekel sichern möglicherweise das Überleben, weil sie uns zum Beispiel vor Vergiftungen oder risikoreichem Verhalten schützen.

Wir sehen die Katastrophen in unterschiedlichen Welten

Vor Kriegsbeginn in der Ukraine schätzten nahezu 80 Prozent der 16- bis 25-Jährigen die Lage als sehr bedenklich ein. Zum Vergleich: In der Altersgruppe der Über-40-Jährigen sahen nur 60 Prozent der Befragten die Lage als bedenklich an.[12] Wie lässt sich diese unterschiedliche Betroffenheit erklären?

---

12 Unmittelbar vor Kriegsbeginn (10.02.2022 bis 24.02.2022) hat das Institut für Generationenforschung eine repräsentative bundesweite Erhebung mit 1.356 Teilnehmenden sowie eine zweite Erhebung unmittelbar nach Ausbruch des Krieges (26.02.2022 bis 04.03.2022) mit 1.847 Teilnehmenden im Alter von 14 bis 80 Jahren durchgeführt. Für ausführliche Studiendaten siehe: https://www.generation-thinking.de/post/krieg-in-europa-wie-reagieren-die-jeweiligen-generationen.

Menschen nutzen Medien je nach Alter unterschiedlich. Aber die Mediennutzung ist nicht nur abhängig vom Alter, sondern auch von der Wahrnehmung des Einzelnen. Welche Erfahrungen wir bisher in unserem Leben gemacht und wie wir sie verarbeitet haben, wie wir uns gerade fühlen und in welcher Umgebung wir gerade Dinge beobachten, bestimmt, wie wir die Medien wahrnehmen und einordnen. Was wir im Netz suchen und was wir uns ansehen, beeinflusst darüber hinaus, was wir zukünftig angezeigt bekommen. Verantwortlich hierfür sind Algorithmen, die auf Basis unserer bisherigen Suchbegriffe und Klicks errechnen können, für welche Inhalte wir uns zukünftig interessieren werden. Das Netz ist uns also immer ein paar Schritte voraus, indem es unser Verhalten im Internet „antizipiert". Das bedeutet aber auch, dass wir in Zukunft nur mit den Inhalten gefüttert werden, die wir in der Vergangenheit für sehenswert befunden haben. Somit verbleiben wir in unserer „Filterbubble", die das Netz mit unserer Hilfe geschaffen hat.[13]

---

[13] Auf diese Weise lässt sich auch die Radikalisierung im Netz erklären: Ist der Algorithmus einmal auf radikale Inhalte gepolt, folgen automatisch weitere radikale Inhalte, wodurch Benutzer keine Berührungspunkte mehr mit anderen Meinungen haben.

In Deutschland nutzen 99 Prozent der 16- bis 25-Jährigen ein Smartphone. Das heißt: Die Jugendlichen können sich nicht nur jederzeit mithilfe ihres Smartphones über den Krieg informieren, sie tun es auch. Dabei kommen die meisten Informationen übers eigene Smartphone – oft unter dem Radar der Eltern. Negative Nachrichten prasseln permanent durch das Smartphone auf sie (und auch uns Erwachsene) ein. Hinzu kommt: Je jünger die Befragten sind, desto häufiger geben sie als primäre Medienkanäle für ihre Informationsgewinnung TikTok, YouTube und Instagram an. Auf diesen Social-Media-Kanälen ist es möglich, aktuelle Informationen direkt aus den Krisen- und Kriegsgebieten zu bekommen. Das bedeutet, dass Kinder und Jugendliche Erfahrungsberichte von Soldaten, der betroffenen Bevölkerung oder Kriegsflüchtlingen via Instagram-Post oder 20-Sekunden-Video bei TikTok einsehen können. Dieser kurze, „snackable" Content ist auf irgendeine Weise auch „unterhaltend" beziehungsweise bewegend, denn anders würde das Video nicht viral geteilt. Dadurch haben diese Kanäle nicht nur eine enorme Reichweite, sondern finden oft auch wenig Korrektive. Oft wird so ein emotional aufgeladenes Video unhinterfragt geteilt und kann für große Teile sogar meinungsbildend sein.

Die älteren Generationen ab circa 55 Jahre (die sogenannten Babyboomer) dagegen haben ein völlig anderes Mediennutzungsverhalten: Als Informationsquellen dienen vor allem der Fernseher (Tagesschau) und Printmedien. Printmedien oder TV-Nachrichten können aber nur zu einer gewissen Zeit empfangen und nur ein gewisses Maß an Informationen enthalten. Sie sind in der Regel (bei seriösen Anbietern) weniger emotional aufgeladen als eine Nachricht über den Krieg via Social Media. Im Alter von 40 bis 55 Jahren gaben die Teilnehmer in der Regel an, neben dem TV auch Facebook und YouTube zur Informationsgewinnung zu nutzen.

Die jüngeren Nutzer verwenden für ihre Recherchen also in der Regel andere Medienplattformen als Informationsquellen, die nicht nur wesentlich schneller, sondern auch emotional aufgeladener sind. Während ältere Generationen vermehrt neutralere und „langsamere" Berichterstattungen nutzen, wissen die jüngeren Generationen schon viel früher von den Ereignissen Bescheid. Sie haben somit einen direkteren Kontakt mit dem dadurch verursachten Leid. Bei der Tagesschau zum Beispiel wird in der Regel genau überlegt, wie viel man den Menschen zumuten kann. Auf Social Media hingegen kann man sich stundenlang Live-Videos des Geschehens ansehen, die das Ganze noch mal viel drastischer zeigen. Auch hier differieren eben nicht nur die Länge der Aussetzung, sondern auch Intensität.

Als der Krieg tatsächlich ausbrach, änderte sich die emotionale Lage der verschiedenen Altersgruppen beziehungsweise passte sich der der Jüngeren an. Nun stuften alle Generationen – insgesamt im Schnitt weit über 80 Prozent – die Lage als sehr bedrohlich. Denn nun waren auch die Medien, die die älteren Generationen nutzten, in etwa gleichauf mit ähnlichen Informationen auf Social-Media-Kanälen.

Wenn Lehrer, Eltern oder Angehörige mit Jugendlichen oder Kindern über die gesehenen Themen sprechen, müssen die Welten zusammengebracht werden. Erwachsene sollten wissen, wo sich ihre Kinder und Schüler informieren und welche Inhalte sie zu sehen bekommen. Diese Erkenntnisse können entscheidend sein. Nur, wenn wir die Kanäle und Inhalte kennen, die unsere Kinder konsumieren, können wir deren Berichterstattung einschätzen und wissen, was sie bewegt, was sie nicht einzuordnen vermögen und wo wir ihnen Hilfestellung anbieten können. Für uns Erwachsene können die Nachrichten schon äußerst belastend sein. Für Kinder, die einen kleinen oder sogar noch gar keinen Erfahrungsschatz im Umgang mit Nachrichten haben, gilt das umso mehr. Wenn wir nicht wissen, was unsere Kinder im Netz treiben, lassen wir sie im wahrsten Sinne des Wortes „allein". Wir könne mit ihnen weder über die gesehenen Inhalte sprechen, noch können wir ihnen Hilfestellung beim Reflektieren der Inhalte bieten. Tauchen wir nicht in die digitale Welt unserer Kinder und Schüler ein, laufen wir Gefahr, sie im Dschungel der Negativnachrichten zu verlieren und an ihnen vorbeizusprechen. Wir können ihnen dann keine Vorbilder oder Helfer mehr sein, unsere Ratschläge gehen im Lärm der Negativnachrichten unter.

Zudem erhöht es ungemein die Akzeptanz, wenn Jugendliche wissen, dass man sich mit „ihrer" Informationsquelle ebenfalls auseinandergesetzt hat und nicht vorschnell ein Urteil fällt. Deshalb sollten Sie, bei allen Bedenken, Social Media nicht verdammen, sondern auch hier die Vorteile sehen. Lernen Sie die Informations- und Verbreitungsgeschwindigkeit zu schätzen. Das bedeutet, wir Erwachsenen müssen uns ebenfalls damit beschäftigen. Denn wie die Erhebung des Instituts für Generationenforschung belegen konnte, hatten die Jugendlichen mit ihrer Wahrnehmung einen Vorsprung, der sich für alle älteren Generationen erst eine Woche später bewahrheitet hat. Sie „fühlten" also weit vor den Älteren die Gefahr. Das ist ein wichtiger Punkt. Denn wollen wir unseren Kindern und Jugendlichen helfen, müssen wir uns auf ihrer Zeitschiene der Informationen bewegen. Dies stellt uns vor eine große Herausforderung, der wir uns aber nicht mehr verwehren können. Auch können Sie so die Quellen besser einordnen und Ihren Kindern in der digitalen Welt ein Navigator sein.

Welche Medien sind geeignet?

Bei kleineren Kindern sollten Sie auf jeden Fall die Mediennutzung begleiten. Denn kleineren Kindern fehlen das nötige Erfahrungswissen und die Reife, Inhalte im Netz eigenständig zu reflektieren und einzuordnen. Ohne Ihre Hilfe können bei den Kindern offene Bilder entstehen, die sie durch ihre Fantasie schließen. Vermeiden Sie das, so gut es geht. Werden Medien jedoch bewusst eingesetzt, können sie eine Hilfe sein, die entstandenen offenen Bilder durch Negativnachrichten zu schließen. Die Medien übernehmen dann Ihre Erklärungsaufgabe und liefern den Kindern die nötigen Bausteine zum Verständnis eines Krieges oder einer Katastrophe. Achten Sie daher darauf, dass die Informationsquelle beziehungsweise das Medium immer alters- und kindgerecht ist.

Als kindgerechte Informationsquellen für Nachrichten eignen sich zum Beispiel die folgenden Internetseiten und Sendungen:

- Die Sendung mit der Maus
- Internet-ABC
- Kinderradio KiRaKa
- logo! – die Kindernachrichten
- neuneinhalb – Kindernachrichten

Kommt Ihnen ein Bericht oder Beitrag, den Ihr Kind gesehen hat oder gerade sieht, seltsam vor, prüfen Sie die Quelle beziehungsweise die Datenlage. Hellhörig werden sollten Sie, wenn der Beitrag für sich behauptet, die „Wahrheit" ans Licht befördern zu können. Es sind Beiträge, die angeben, eine Exit-Strategie für einen Krieg oder eine Katastrophe zu haben, die für sich proklamieren, das „Insiderwissen" zu kennen. Andere Beiträge schlagen sich einseitig auf eine Seite der Konfliktparteien und vernachlässigen die andere. Häufig handelt es sich hier sogar um „Fake News", also gezielte Fehlinformationen, die eine bestimmte Meinung verbreiten sollen. Wenn Sie bei einem Beitrag oder Bericht trotz sorgfältiger Prüfung ein ungutes Gefühl haben, können Sie sogenannte „Fakten-Checker" verwenden. Das sind Internetseiten, die komplexe Informationen und Nachrichten nachvollziehbar aufbereiten und Hintergründe verständlich erklären. Diese können Sie als Korrektiv verwenden. Beispiele hierfür sind:

- ARD-Faktenfinder
- Mimikama – Verein zur Aufklärung von Internetmissbrauch
- CORRECTIV – Recherchen für Gesellschaft

Bringen Sie diese Überprüfungsstrategien auch Ihren Kindern bei. Doch noch besser als all die genannten Medienangebote bleibt das direkte Gespräch zwischen Ihnen und dem Kind oder Jugendlichen. Gespräche können den individuellsten Zugang zu einem anderen Menschen und dessen Auseinandersetzung mit einem bestimmten Thema schaffen. Das kann bis heute kein Medium ersetzen.

KAPITEL | **DREI**

WIE ICH MIT MEINEN KINDERN ÜBER DEN KRIEG UND ANDERE KATASTROPHEN SPRECHE

Aus den vorherigen Ausführungen ist Ihnen sicher deutlich geworden, dass die Fragen von Kindern und Jugendlichen Sie als Erwachsene auch persönlich herausfordern können. Wenn Sie sich jedoch der erwähnten Überlegungen bewusst sind, wird es Ihnen sicherlich gelingen, den Gesprächsfaden mit ihnen zu finden und zu erhalten. Wir haben dabei Altersangaben gemacht, das mag etwas schematisch wirken, soll Ihnen aber eine Leitlinie sein, wie man auf die Fragen von Kindern einer bestimmten Altersgruppe eingehen könnte. Selbstverständlich kennen Sie Ihr Kind am besten und sollten das in den Inhalt und die Form des Gesprächs miteinbeziehen beziehungsweise für sich übersetzen.

Wie spreche ich mit Vorschulkindern? Oder: Eine Frage ist eine gute Antwort!

Es ist ein Glück, wenn sich die Kinder mit ihren Fragen an Sie wenden. Sie erwarten eine ehrliche Antwort von Ihnen, die nicht immer leicht zu finden ist. Sie soll altersgemäß und dem jeweiligen Kind entsprechend ausfallen. Mit einem Kind „altersentsprechend" zu reden bedeutet, sich in Wortwahl und Satzbau so auszudrücken, dass es für Kinder eines bestimmten Alters verständlich ist. Aber ist damit garantiert, dass ein Kind auch versteht, was ihm der Erwachsene sagen will? Kinder sind trotz gleichen Alters sehr verschieden und nehmen Informationen aus ihrer Umwelt sehr individuell auf. Zum Kind passend zu sprechen, heißt daher, seinen jeweiligen Entwicklungsstand zu berücksichtigen: Welche Informationen kann mein Kind überhaupt schon verstehen? Über welches Vorwissen verfügt es und wie komplex darf das Gesagte sein? Das ist leichter gesagt als getan. Ein einfacher „Kniff" kann Ihnen jedoch helfen, eine

Antwort zu finden, die den Bedürfnissen Ihres Kindes entspricht. Wenn es Sie nun fragt, warum die Menschen auf ihren Koffern in der U-Bahn sitzen, dann müssen Sie nicht sofort eine Antwort wissen.

Lassen Sie sich stattdessen Zeit und versuchen Sie, über eine Gegenfrage ins Gespräch mit Ihrem Kind zu kommen. Fragen Sie zum Beispiel:

> *Wie kommst Du zu dieser Frage?*
> *Was genau meinst Du damit?*
> *Welche Beiträge beschäftigen Dich?*
> *Welche Bilder hast Du gesehen?*

Dann erfahren Sie, welche Informationen Ihr Kind aufgeschnappt hat und worüber es gerade nachdenkt.

Oft sind wir viel zu schnell und glauben, verstanden zu haben, was das Kind meint und will. Gerade dann, wenn wir ihm gerne helfen möchten! Wir verbinden die Frage mit unseren eigenen Gedanken und verknüpfen sie mit unserem Vorwissen. Es kann darum vorkommen, dass wir ein Kind mit unserer Antwort verfehlen oder gar überrollen, weil wir nicht wirklich auf sein Anliegen eingehen. Eine Frage als Antwort kann Ihnen jedoch helfen, ein Gefühl dafür zu bekommen, wo Sie mit Ihrer Erklärung ansetzen müssen. Es kann der Anfang eines ruhigen, vertrauten Gesprächs sein, in welchem Sie mit dem Kind offene Fragen klären und ihm Zuversicht und Sicherheit vermitteln könnten.

Beispiel[14] zur Verdeutlichung:

Selina hat im TV weinende Mütter neben einem zerbombten Kindergarten gesehen. Nun fragt sie ihre Mutter: „Was ist da passiert und warum weinen die Frauen?"

Die Mutter fragt zurück: „Was meinst du genau?"

Nun schildert Selina, was sie beschäftigt und die Mutter erfährt, welche Bilder und offenen Fragen ihre Tochter belasten. Sie erzählt von einem zerstörten Haus und weinenden Frauen, die davorgesessen haben.

Die Mutter kann ihr nun sagen: „Weißt du, die Frauen weinen, weil ihr Haus zerstört wurde." Selina ist noch nicht zufrieden und will weiterwissen: „Warum wurde das Haus zerstört?"

---

14 Dieses und auch alle übrigen in diesem Buch geschilderten Beispiele sind tatsächlich vorgekommen und werden hier mit der nötigen Anonymisierung wiedergegeben.

Unsere Antwort muss jetzt zwar den angesprochenen Sachverhalt aufgreifen und die Frage von Selina klären. Sie muss ihr aber trotz allem die Zuversicht vermitteln, dass sich das Problem lösen wird. Zum Beispiel, indem sie ihr sagt:

„Zwischen dem Land, in dem diese Frauen und Kinder wohnen, und einem anderen Land hat es einen großen Streit gegeben. Nun kämpfen die Soldaten der beiden Länder gegeneinander. Sie machen vieles kaputt, das hast du auf dem Bild gesehen. Darum sind diese Frauen traurig, weil sie nicht wissen, was sie nun tun sollen. Aber jetzt müssen sich viele Menschen in vielen Ländern Gedanken machen, wie man diesen Streit beenden könnte. Denn alle Menschen möchten in Frieden leben können."

Wenn die Antwort für Ihr Kind stimmig und die Frage geklärt ist, so wird Ihr Kind beruhigt sein und sich nicht weiter Sorgen machen. Hat Ihr Kind jedoch eine Antwort erhalten, die ihm nicht genügt, sucht es selbst weiter nach Erklärungen. Vielleicht fragt Ihr Kind dann nicht weiter nach, sondern füllt die Teile der Geschichte, die es sich bis jetzt nicht erklären kann, mit eigener Fantasie.

Darum ist es immer wichtig, das Anliegen eines Kindes genau zu erfassen und es nicht mit Erklärungen zu belasten, die seinen kognitiven und emotionalen Horizont übersteigen. Sonst ist Ihr Kind konfrontiert mit neuen Informationen, mit denen es weder seine Frage beantworten noch die gewünschte Erleichterung finden kann.

Die Mutter von Selina hatte es jedoch geschafft. Es war ihr klar geworden, dass Selina das zerstörte Gebäude gar nicht als Kindergarten identifiziert hatte. Deshalb war es auch nicht nötig gewesen, sie darauf hinzuweisen. Das hätte das Mädchen nur unnötig belastet und möglicherweise Befürchtungen in Zusammenhang mit dem eigenen Kindergarten ausgelöst. **Selinas Mutter war deshalb nicht unehrlich**, weil sie den zerstörten Kindergarten unerwähnt ließ, den ihre Tochter im Fernsehen nicht als solchen erkannt hatte. Sie hatte ihre Antwort feinfühlig, also alters- und kindgerecht, und auf die Bedürfnisse von Selina abgestimmt. Sie kann nun die Geschehnisse im Fernsehen in ihr Vorwissen einordnen und lernt dazu, ohne überfordert zu werden, und sie ist sich auch sicher, dass sich die Erwachsenen um eine Lösung des Problems bemühen.

Auch das Timing ist wichtig. Oder: Gut Ding will Weile haben

Kinder möchten verstehen, was auf der Welt passiert und mit ihren Fragen ernst genommen werden, so wie es der Mutter von Selina gelungen ist. Speziell, wenn es um andere Kinder geht, möchten sie es genauer wissen:

Wie lebt dieses Kind?
Wo ist sein Vater?
Wo geht es hin?

Je nach Altersstufe hat es einzelne Informationsfetzen zur Verfügung, aber es fehlen ihm die Grundlagen, um sie zusammenzufügen. Diese kleinen, bruchstückhaften Wissensteile ohne fundiertes Hintergrundwissen (wie zu oft leider auch bei Erwachsenen) sind mit dem Begriff „Wissenshügel" gut umschrieben. Je älter die Kinder werden, desto fundierter und differenzierter wird ihr Wissen, aber auch der Wortschatz, um das Entsprechende zu beschreiben. Sie können das Gehörte, Gelesene oder Gesehene im Weltgeschehen besser einordnen. Vor allem kleinere Kinder verfügen jedoch noch nicht über ein umfassendes, zusammenhängendes Wissen und können noch nicht alles verstehen. Um sich die Zusammenhänge besser zu erklären beziehungsweise zu erschließen, behelfen sich Kinder mit ihrer Fantasie: Sie hilft ihnen, die entwicklungsbedingten Wissenslücken zu schließen. In der Psychologie spricht man hier von „Fabulieren", was vom lateinischen „fabulatio" kommt, was so viel wie Erzählung, Fabel, Geschichte oder Märchen bedeutet. Sich in einem bestimmten Alter die Realität mittels erfundener Geschichten zu erklären, ist entwicklungsbezogen üblich. Problematisch kann es jedoch werden, wenn Kinder „konfabulieren". Konfabulieren bedeutet das frei erfundene Erzählen von Informationen, die objektiv falsch sind und keinen Zusammenhang mit der Realität haben. Allerdings hält das Kind die konfabulierten Informationen oft für wahr. Darauf greifen viele Kinder gerade in emotional belastenden Situationen zurück, wenn sie die Wirklichkeit nicht mehr verarbeiten können und deshalb erfundene Geschichten bemühen. Darum ist es wichtig, dass Sie als Erwachsene ein offenes Ohr für ihre Fragen haben.

Mit der Mutter oder dem Vater auf dem Sofa zu sitzen und über etwas zu sprechen „wie die Großen", ist wichtig und bleibt als positiv prägendes Erlebnis in der Erinnerung haften. Besonders gut ist es natürlich, wenn Sie sich am Nachmittag dafür Zeit nehmen können. So haben Sie noch genügend Zeit, die Thematik mit Ihrem Kind zu klären. Vielleicht recherchieren Sie gemeinsam etwas, schauen ein Buch an oder beantworten weitere Fragen. Auf diese Weise kann das Kind seine Geschichten „abschließen".

Natürlich ist das nicht immer möglich, es ist Schlafenszeit oder Zeit zur Arbeit oder in die Schule zu gehen. Dann kann es gut sein, dass das Kind die gesehenen oder durch den Dialog neu aufgetauchten Bilder und Vorstellungen weiter mit sich herumträgt. Auch auf den Weg zur Schule oder zum Kindergarten können solche Wortfetzen aufgenommen werden, sei es durch Radiobeiträge oder durch Gespräche der Eltern im Auto.

Im schlechtesten Fall verharrt es in einer negativen Fantasie-Spirale. Kindern fällt es in diesem Alter schwer, Fantasie und Realität zu trennen. Bleibt ein Bild „kleben", geht ein Kind möglicherweise den Fragen nach: „Ist das, was dort passiert, auch für mich, für meine Mama und meinen Papa gefährlich? Kann auf unser Haus ebenfalls eine Bombe fallen?" Dann braucht es Sie umso mehr, um ihm zu helfen, die offenen Fragen zu klären.

„Mama, was ist eigentlich ein Krieg?"

In Zeiten, die von Kriegsgeschehnissen oder Katastrophen geprägt sind, suchen viele Menschen eine Antwort nach dem Warum, nicht nur Kinder. Sie möchten die Ereignisse einer Ursache zuordnen können, wenn möglich auch einem einzelnen Menschen. Als Erwachsene haben wir Möglichkeiten, uns solchen Fragen in einer Weise anzunähern, die kleinen Kindern nicht zur Verfügung stehen. Wir haben auch die nötige Flexibilität, unsere Meinung aufgrund neuer Informationen zu ändern. Was nun? Wenn das Kind fragt: „Mama, was ist eigentlich ein Krieg?"

Bei Vorschulkindern ist es wichtig, mit unseren Antworten allgemein zu bleiben, sie möchten ja verstehen, was dort los ist. Und sie möchten vor allem auch wissen, ob das irgendwann wieder vorbei ist. Wir helfen ihnen nicht mit detaillierten Informationen oder gar Namen. Im Gegenteil, es ist sogar ratsam (wie auch UNICEF[15] empfiehlt), die Namen von beteiligten Ländern und Akteuren wegzulassen, da wir sonst Stereotype und Feindbilder bei unseren Kindern aufbauen, die sich verfestigen könnten. Verfestigte Stereotype können sich langfristig hartnäckiger halten als andere Argumente. So stuft ein Kind beispielsweise die Bevölkerung eines angreifenden Landes zukünftig als gefährlich ein und begegnet diesen Personen misstrauisch oder gar feindselig. Oder es verknüpft starken Regen mit Bildern von fliehenden Menschen und reagiert verängstigt, wenn es zu regnen beginnt. Selbst, wenn sich eine ehemals kriegerische Lage aufgelöst oder eine Katastrophe beendet ist, können die Stereotype weiterhin bestehen. Lassen Sie ihrem Kind die Möglichkeit, sich auch in Zukunft unbefangen mit einem Land und bestimmten Situationen zu befassen und die Menschen mit ihrer Sprache, Kultur, Geschichte und Geografie kennenzulernen. Das dürfen wir ihnen nicht verwehren durch beispielsweise das Vorurteil, dass Russen per se kriegerische Menschen seien.

---

15 Vgl. Schlüter-Müller, 2022

Beispiel

Auch Stefans Mutter ist mit seinen Fragen konfrontiert. Sie kennt und schätzt seine Neugier und seinen Wissensdurst – manchmal wird er deswegen auch von seiner Umgebung überschätzt. Seine Mutter kennt ihn aber gut und weiß um seine Sensibilität gegenüber Bildern. Das bezieht sie in ihre Antwort ein.

Mit Kindern über diese Fragen zu sprechen, bedeutet nicht, um den heißen Brei herumzureden, Kriegsgeschehen zu verharmlosen oder das Thema gar zu tabuisieren. Aber wir sollten die Informationen kindgerecht filtern und anpassen. Deshalb ist es geschickter, wenn Sie den Themenkomplex „Krieg" bei kleinen Kindern aus deren Lebenswirklichkeit zu beschreiben versuchen, so wie es die Mutter von Stefan versucht.

Er hat ihr von einem Bild mit kaputten Häusern und fliehenden Menschen erzählt, das ihm sein Freund gezeigt hat. Er hat auch gehört, dass die Erwachsenen von Krieg sprechen, und fragt nun: „Mama, was ist eigentlich ein Krieg?"

Was genau will er wissen? Nach kurzem Innehalten gibt sie ihm zur Antwort: „Weißt du, Menschen sind sich nicht immer einig. Du hast doch auch schon Streit gehabt mit deiner Schwester oder sogar mit deinem besten Freund Marco. Das gibt es auch bei den Erwachsenen und sogar zwischen Ländern. Oft möchte ein Land etwas haben, was einem anderen Land gehört, oder es möchte über dieses Land befehlen können. Sie haben aufgehört, miteinander zu sprechen und sehen einander als Feinde. Jeder möchte zeigen, dass er stärker ist. Deshalb greifen sie zu den Waffen und beginnen, miteinander zu kämpfen. Das nennt man dann Krieg. Das ist für alle sehr traurig, weil vieles dabei zerstört wird, sogar die Häuser und Wohnungen der Menschen und diese nicht mehr dort bleiben können, wo sie jetzt sind. Du hast ja von diesem Bild erzählt, das du gesehen hast. So kann es aussehen, wenn Krieg ist. Und das wollen wir natürlich nicht! Darum müssen sich alle darum bemühen, einen Krieg so schnell wie möglich zu beenden. Manchmal braucht es dazu einen Friedensvermittler... Ich habe euch doch auch schon geholfen, als du mit Marco Streit hattest. Bei einem so großen Streit, wie ein Krieg es ist, ist das noch viel komplizierter. Wenn dann der Krieg vorbei ist, müssen alle daran arbeiten, dass es wieder Frieden gibt. Da gibt es viel zu tun. Aber die Menschen möchten ja, dass der Frieden bleibt und die Länder wieder beginnen, zusammenzuarbeiten."

Natürlich umfasst die Erklärung von Stefans Mutter nicht die Komplexität eines Krieges, dessen Vorgeschichte, die militärischen Strategien und was es braucht, damit ein Friedensschluss zustande kommt. Die meisten wesentlichen Elemente hat sie mit ihrer Antwort jedoch erfasst. Wir sollen die Kinder nicht anlügen, aber unsere Aufgabe ist es, ihnen die Ängste und Unsicherheiten zu nehmen und ihnen deutlich zu machen, dass es an den Erwachsenen ist, dieses Problem zu lösen. Und auch hierbei ist es wichtig, auf die konkreten Fragen der Kinder einzugehen und ihnen eine ehrliche, aber auch verständliche Antwort zu geben.

Wie spreche ich mit Grundschulkindern zwischen 6 und 10 Jahren?

Grundschulkinder wissen in der Regel, dass immer irgendwo Krieg auf der Welt herrscht oder etwas Schlimmes passiert ist. Sie wissen, was Waffen sind und dass man damit viel Schaden anrichten kann. Bisher waren aber die Kriegsschauplätze oft weiter weg und die Kinder erlebten deren Folgen nur selten hautnah. Das war zum Beispiel dann der Fall, wenn jemand aus der Familie zum Wehrdienst nach Afghanistan gerufen wurde oder eine Freundschaft mit einem geflohenen Kind, das neu in die Klasse kam, entstand.

Aktuell ist die Situation etwas anders. Der Krieg ist in greifbare Nähe gerückt. Auch verfügen mittlerweile sehr viele Kinder über ein internetfähiges Handy und schauen sich (oft unkontrolliert von den Erwachsenen) auf ihren Social-Media-Kanälen Filme und Nachrichten an, deren Aussage und Wahrheitsgehalt sie nicht einordnen können. Auf sie wirkt das Gesehene verstörend und es braucht klärende Gespräche.

Im Laufe seiner Persönlichkeitswerdung entwickelt ein Kind zunehmend seine moralische Identität. In der späten Kindheit stehen dann komplexere moralische Fragen im Mittelpunkt:

Wer hat Schuld?
Warum greift das eine Land das andere an?

Was passiert danach?
Wird der Angreifer bestraft?
Was passiert, wenn wir angegriffen werden?

Hier können Sie dem Kind erklären, dass ein Kriegsgeschehen immer sehr komplex ist und man nicht einfach einen Schuldigen festmachen kann. Dass es Gerichte gibt, die später alles untersuchen, um die Schuldigen zu bestrafen, auch wenn das nicht immer gelingt.

Beispiel:

Markus will von seinem Vater wissen, warum es Krieg gibt und wer dafür verantwortlich ist. Sein Vater antwortet ihm: „Ganz so einfach ist es nicht, einen Schuldigen zu finden. Denn die beiden Länder sind schon seit vielen Jahren im Streit und haben immer wieder versucht, sich gegenseitig auszutricksen. Und das ist schon so lange her, dass wir gar nicht mehr genau wissen können, wer an etwas Schuld ist. Jetzt haben die beiden Parteien beschlossen, ihren Streit mit Waffen auszutragen. Das wird leider wahrscheinlich noch eine Zeit lang dauern. Gut ist aber, dass die Chefs anderer Länder beschlossen haben, den Streit zu schlichten. Dazu werden sich die Chefs der Länder, die miteinander streiten, im Land der Streitschlichter treffen und miteinander sprechen, wie man den Krieg beenden kann."

Die Mechanismen, die durch die UNO in der internationalen Zusammenarbeit ausgearbeitet wurden, sind sehr vielschichtig und wirken oft abstrakt. Die Verträge und Vereinbarungen sind auch für Erwachsene nicht immer leicht zu verstehen. Auch wie Beschlussfassungen zustande kommen, ist auf den ersten Blick und ohne spezifische Kenntnisse nicht so leicht erkenntlich. Hier ins Detail zu gehen, würde Markus nicht viel helfen. Wichtig ist aber, dass er weiß, dass es auch im Krieg Regeln gibt, an die sich alle halten müssten und dass mit einem Waffenstillstand auch eine ehrliche Aufarbeitung der Geschehnisse verbunden sein sollte. Das knüpft an seine eigene Erlebniswelt an. Kinder in diesem Alter sind froh zu wissen, dass die Menschen gerade nach Kriegen immer wieder nach Möglichkeiten gesucht haben, wie man solche künftig vermeiden kann. Das gibt ihnen Hoffnung und Zuversicht. Es ist wichtig, dem Kind zu erklären, dass Kriege nicht einfach immer wieder kommen und dass man etwas dagegen tun kann.

Wie spreche ich mit Kindern zwischen 10 und 13 Jahren?

Mit etwa 10 Jahren, also ab circa der 5. Klasse, sind Kinder in der Regel in der Lage, TV-/Radio-Nachrichten zuzuordnen. Wesentlich schwieriger ist es bei Videos im Internet (Instagram, TikTok), die allein schon durch ihre Kürze und starke Emotionalisierung kaum eine Reflexion des Gesehenen erlauben. Für eine tiefergehende Verarbeitung fehlt den meisten Kindern auch in diesem Alter noch die nötige psychische Reife und das notwendige Wissen. Das heißt für uns Eltern, dass wir ihnen zwar durchaus vermehrt sachliche Informationen zutrauen können, doch gilt auch hier, das richtige alters- und kindgerechte Augenmaß zu behalten. Selbst Kinder, die sich gerne cool geben, reagieren sensibel auf Nachrichten, welche die Gräuel und Grausamkeiten des Krieges wiedergeben oder zeigen, wie Menschen an den Folgen von Naturkatastrophen verzweifeln. Sie belasten ihr Gefühl und beunruhigen sie. Gehen Sie auf Ihre Kinder ein, wenn Sie wissen möchten, was genau los ist und was der Krieg oder eine Katastrophe für Ihr Leben, aber auch für das Leben der betroffenen Menschen bedeutet. Nehmen Sie sich die Zeit, mit Ihrem Kind ins Gespräch zu kommen und zeigen Sie, wie Sie selbst mit all den Informationen einen konstruktiven Weg gefunden haben, damit umzugehen. Es lohnt sich!

In diesem Alter möchten Kinder gerne aktiv werden und ihren Beitrag leisten. Vielleicht haben Sie sich schon überlegt, was Sie tun könnten und beziehen Ihr Kind mit ein. Das muss nicht immer direkt auf die Situation bezogen sein. Auch jemandem eine Freude zu machen, der gerade traurig ist oder Sorgen hat, unterstützt ein Kind in der Bewältigung von Krisensituationen.

Auch wenn Ihre Kinder bereits im Jugendalter sind, so brauchen sie nach wie vor die Orientierung und das Gespräch mit Ihnen, gerade in Zeiten, wie Kriege und Katastrophen es sind. Genauso wie kleinere Kinder gehen sie unterschiedlich damit um. Manche äußern Ängste und Unsicherheiten direkt, während andere aber dazu tendieren, diese zu überspielen oder im Gegenteil sogar völlig darin zu versinken. Sie haben Angst vor der Zukunft, die ihnen tiefschwarz erscheint. Bisherige Lebenserfahrungen und Vorbilder spielen dabei eine wichtige Rolle. Andere überspielen ihre

Gefühlslage und trumpfen mit Schlagworten auf, fällen ein hartes Urteil über die Moral und Ethik der älteren Generation, klagen über die vom „alten weißen Mann" verschuldete Weltlage und sehen keine Zukunft für sich. Das ist für Sie als Eltern anspruchsvoll. Sie müssen jedoch wissen, dass auch für Kinder und später Jugendliche Ihre Meinung nach wie vor wichtig ist, selbst wenn sie das nicht offen zum Ausdruck bringen.

Wie spreche ich mit Jugendlichen ab 13 Jahre?

Viele Jugendliche werden aber tatsächlich gerade in Krisen- und Notzeiten gerne aktiv. Wenn Eltern in solchen Situationen zum Beispiel Ideen entwickeln, wie man helfen kann, dann schließen sich Kinder und Jugendliche gerne an.

Beispiel:

Als Eltern nach einem Lawinenniedergang ihren Kindern erzählten, dass eine befreundete Familie vorläufig nicht mehr in ihrem Haus wohnen kann, weil es vom Geschehen so sehr in Mitleidenschaft gezogen war, schlugen die Kinder vor, ihnen ihre Zimmer zur Verfügung zu stellen und beteiligten sich eifrig am Umstellen und Freiräumen für die neuen Gäste. Die Jüngste malte ein Willkommensschild für die Tür. Den Eltern war es gelungen, im Gespräch mit ihren Kindern deren Anteilnahme für die betroffene Familie zu wecken. Es war für sie sicher auch gut nachvollziehbar, wie es dieser Familie nun gehen musste. Die so entstandene Aktivität ist für die Verarbeitung von Katastrophen- oder Kriegsgeschehen bei Kindern und Jugendlichen sehr wichtig, nicht nur, weil es das Gefühl des Bedrohtseins mildern kann, sondern weil sie auch gerne etwas dazu beitragen möchten, dass es besser wird. Die gegenseitige Hilfe ist tragendes Element in der Evolution der Menschen und sicherte deren Überleben. Viele Studien zeigen die soziale Vorangepasstheit, die Kinder mit auf die Welt bringen. Auf diese ontogenetische[16] Grundlagen können Sie sich als Eltern abstützen.

Während der Corona-Krise und der Überschwemmung im Ahrtal haben wir gesehen, wie sich Jugendliche spontan dafür engagierten, mitzuhelfen. Oft mit eigenen kreativen Ideen, zum Beispiel indem sie einen Fahrraddienst organisierten, um Einkäufe für ältere Leute zu machen, bei einer Sammlung von Hilfsgütern unterstützten oder sich tatkräftig bei Aufräumarbeiten einklinkten.

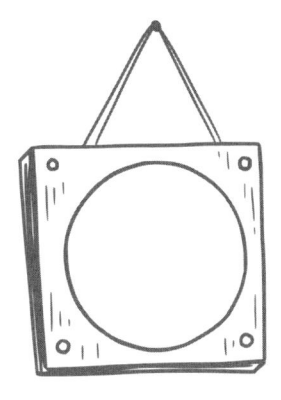

Jugend und Individualität

Für Jugendliche ist es sehr wichtig, in Erwachsenen ein Gegenüber zu haben, an dem sie sich reiben und sich so eine eigene Meinung bilden können. Und Reibung erzeugt Wärme, auch in Beziehungen!

---

16 Ontogense beschreibt die Entwicklung des Einzelwesens des Menschen.

Wir reagieren alle unterschiedlich auf emotional aufgeladene Berichte und haben unterschiedliche Gefühlslagen, die sich körperlich in unterschiedlichen Hormonausschüttungen, im Falle von Stresssituationen zum Beispiel in Form von Adrenalin, Noradrenalin oder Cortisol, zeigen. Wie Menschen auf Stress reagieren, wird in der Psychologie unter dem Begriff Stressstabilität[17] zusammengefasst[18]. Wie ausgeprägt die Stressstabilität beim jeweiligen Jugendlichen ist, hängt damit zusammen, welche Gefühle

---

17 Der Begriff der Stressstabilität geht auf das Stress-Konzept des Mediziners Hans Selye (1946) zurück (Vgl. Siang Yong Tan, 2018).
18 Wie sensibel ein Mensch körperlich auf Stress reagiert, kann mittels Textaufgaben gemessen werden, in welchen frustrierende Situationen geschildert werden. Befragte Personen sollen dann ankreuzen, wie sie in diesen Situationen reagieren würden. Forscher haben während des Tests mehrmals das Blut der Testteilnehmenden untersucht und herausgefunden, dass es eher stresslabile Menschen gibt, die auf stressige Situationen sehr schnell reagieren und/oder eine sehr starke Hormonausschüttung aufweisen, und es im Gegensatz dazu auch eher stressstabile Menschen gibt, deren Hormonausschüttung erst verzögert oder schwach erfolgt.

bei ihm beim Betrachten von emotionalen Berichten entstehen, dies kann durchaus sehr unterschiedlich sein. Bei stressstabilen Jugendlichen zum Beispiel ist eine schwächere Gefühlsreaktion mit einer weniger ausgeprägten Ausschüttung von Hormonen verbunden und die Stimmung der Berichterstattung oder von anderen Menschen beeinflusst sie weniger stark. Bei stresslabilen Jugendlichen wiederum ist eine starke Gefühlsreaktionen zu erwarten, die von einer starken Ausschüttung von Stresshormonen begleitet wird. Das Bild bleibt bei ihnen also länger im Gedächtnis haften und es muss zusätzlich „emotional" verarbeitet werden. Diese beiden unterschiedlichen Reaktionsmuster sind rein statistisch gesehen normalverteilt. Die meisten Jugendlichen liegen somit, statistisch betrachtet, im Mittel.

Sie müssen also auch diese unterschiedlichen Ausprägungen als Grundlage Ihrer Gespräche mit Ihren Jugendlichen immer im Hinterkopf behalten. Sie können, vielmehr Sie müssen, mit Ihren Jugendlichen über Nachrichten sprechen oder diskutieren. Das bedeutet aber nicht, dass man immer gleicher Meinung sein muss und dass jeder seine Gefühle gleich zum Ausdruck bringt. Hier haben Sie einen guten Ansatzpunkt, um darüber zu sprechen, dass der gleiche Bericht unterschiedlich wahrgenommen werden kann und dass daher Meldungen, Botschaften oder Nachrichten verschiedene Reaktionen in uns auslösen. Diese unterschiedlichen Gefühlsreaktionen können Meinungsverschiedenheiten erzeugen. Sie sind ein Übungsfeld für einen respektvollen Umgang mit der anderen Meinung! Erinnern Sie sich an das Beispiel mit dem Affen und dem Esel.

Gerade in diesem Alter ist es vielen jungen Menschen selbst und auch für sie wichtig, Berichte aus den Medien kritisch zu hinterfragen. Dies stellt auch ein gutes Lernfeld, um sich Medienkompetenz anzueignen, dar. Eine gute Gelegenheit, sie über die Mechanismen der Medien aufzuklären:

Sind die Berichte sachlich oder emotional aufgeladen?
Wie wirken sie auf mich?
Sind die jeweiligen Quellen seriös?
Berichten auch andere Kanäle davon?

Es kann hilfreich sein, den Medienkonsum auch für eine Zeit einzustellen, um innezuhalten, Mechanismen zu reflektieren oder gemeinsam die Quellen zu hinterfragen. Die Zeitdauer sollten Sie hierbei selbst bestimmen, davon abhängend, was Ihnen und/oder Ihren Kindern gut tut. Wie schon bei den jüngeren Kindern gilt auch hier, mit den Jugendlichen einen Weg zu finden, bei dem sie von sich aus (innerlich) aktiv werden und eine Perspektive entwickeln können.

Das ist anspruchsvoll und nicht immer gelingt es, ruhig zu bleiben und sich selbst zurückzunehmen. Wenn Sie selbst das Gefühl haben, die Situation überfordert Sie emotional, versuchen Sie, sich, bildlich gesprochen, zurückzulehnenHolen Sie sich selbst heraus aus der Spirale der Verzweiflung und Bestürzung oder dem Ohnmachtsgefühl, indem Sie selbst aktiv werden und beachten Sie wieder die Einführungen von Nutzungsregeln oder Timeouts.

KAPITEL | **VIER**

NICHT NUR IN DER FAMILIE HABEN KINDER UND JUGENDLICHE FRAGEN

„Das Allerwichtigste in Krisenzeiten ist, dass die Erwachsenen – die Eltern an erster Stelle, aber auch die Lehrer – den Kindern Orientierung und Sicherheit geben. Dazu gehören verlässliche Alltagsstrukturen genauso wie Zeit für Gespräche", sagt der langjährige Berliner Schulpsychologe Klaus Seifried[19]. Dem kann man nur beipflichten. Das im vorangegangenen Kapitel Besprochene gilt selbstverständlich auch für alle anderen Beziehungspersonen, sei es in Kindertagesstätten, Jugendgruppen oder Freizeitangeboten, wo sie mit den Reaktionen von Kindern und Jugendlichen konfrontiert werden können, wenn Kriegsgeschehen oder Katastrophen zu Tagesthemen werden. Je nachdem, in welcher Beziehung sie zu den Kindern und Jugendlichen stehen und welchen Aufgabenbereich sie übernehmen, liegt der Schwerpunkt ihrer Aufgabe etwas anders. Im familiären Umfeld haben Erziehende einen vertrauteren Rahmen, in welchem sie auf die Fragen der Kinder und Jugendlichen eingehen können. Die Beziehungen sind enger und es ist besser möglich, mit den jeweiligen Antworten auf die individuelle Situation eines Kindes einzugehen. Aber auch in der Schule, wie auch in anderen Bildungs- und Betreuungssituationen, wartet eine Aufgabe auf die Erwachsenen und es gilt für sie, sich ihrer Rolle gegenüber dem Kind oder dem Jugendlichen bewusst zu sein.

Es geht darum, alters- und entwicklungsadäquat eine Form zu finden, wie man in diesem Rahmen diese belastenden Themen ansprechen kann. Es ist möglich, dass Sie unvermittelt vor dieser Aufgabe stehen, weil Kinder und Jugendliche heute – viel öfter, als wir es vielleicht vermuten würden – auf ihren „Reisen" durch YouTube, TikTok oder Instagram mit Bildern und Filmen konfrontiert werden und durch Erwachsene, manchmal auch unbedacht und ungewollt, viel mitbekommen. Auch wenn es wünschenswert und für die jüngeren Kinder sinnvoll wäre, kann man sie nicht einfach davon abschirmen. Kinder reagieren in solchen Situationen sehr

---

19 Interview mit Klaus Seifried, 2022

unterschiedlich, manche sind ängstlich und aufgewühlt, andere scheinen gleichgültig zu sein. Auch das Bedürfnis, darüber zu sprechen, ist sehr verschieden. Es ist wichtig, dass sie die Möglichkeit haben, ihre Fragen zu stellen und eine ehrliche, nicht zusätzlich dramatisierende Antwort bekommen, damit ihre Ängste nicht zusätzlich verstärkt werden. Wichtig ist, dass Sie sich Zeit nehmen und die Kinder und das Klassen- oder Gruppengeschehen sorgfältig beobachten, damit Sie angemessen auf die Sorgen und Bedenken der Kinder und Jugendlichen eingehen können, immer mit dem Ziel, ihnen Hoffnung und eine Perspektive zu geben.

Stellen Sie an sich nicht den Anspruch, schnelle und fertige Antworten parat zu haben. Gerade in Kriegs- und Krisenzeiten sind Falschnachrichten und Spekulationen sehr häufig und Sie dürfen sich die Zeit nehmen, eine Antwort genauer zu überdenken. Gut ist aber, wenn man solche Gespräche schon gedanklich vorbereitet hat. Unterstützend kann der Austausch im Team sein, gemeinsam Erfahrungen zu reflektieren und zu überlegen, wie man mit dem Thema umgeht. Ein überlegtes, ruhiges Gespräch ist für die Kinder und Jugendlichen wichtig und gibt ihnen Hoffnung und Zuversicht, dass es eine Lösung geben wird, trotz der Komplexität der Probleme. Manche Fragen kann man noch gar nicht beantworten, weil die nötigen Informationen widersprüchlich oder gar nicht vorhanden sind. Auch den Umgang mit solchen Situationen kann man Kindern und Jugendlichen daran vermitteln. Manchmal möchten Kinder und Jugendliche aber auch ihre Ruhe haben und in anderen Bereichen ihres Lebens aktiv werden. Und das ist völlig okay!

Ihr pädagogischer Auftrag

Manche Kinder haben zu Hause in ihren Eltern Ansprechpartner, an die sie sich wenden können, andere sind allein gelassen oder haben sogar noch gar nichts mitbekommen (vielleicht auch, weil die Eltern das bewusst so wollen!). Es gehört zu Ihrem pädagogischen Auftrag, den Kindern gerade in diesen Zeiten stabile Beziehungsangebote zu geben und mit dem nötigen Fingerspitzengefühl deren Fragen zu erfassen, manchmal auch zu erahnen und zu spüren, ob es ihnen überhaupt ein Bedürfnis ist, über den Krieg oder andere Katastrophen zu sprechen. Speziell in der Grundschule ist hier die nötige Zurückhaltung und Vorsicht geboten. Wenn die Kinder das Thema jedoch selbst einbringen oder wenn Sie merken, dass es sie belastet und ein Konfliktherd ist, dann ist es wichtig, mit der nötigen Zurückhaltung das Gespräch mit den Kindern zu suchen.

Manchmal gilt es, Informationslücken zu schließen oder die Kinder und Jugendlichen durch interessiertes Nachfragen zum Denken anzuregen. Das braucht Ihrerseits Umsicht und Ruhe. Sie haben die Aufgabe, die Kinder und Jugendlichen zu stärken und dürfen sie nicht mit eigenen Unsicherheiten und Ängsten belasten.

Im Unterschied zu den Eltern sind Sie noch in anderer Weise dazu verpflichtet, mit großer Sorgfalt vorzugehen. Selbstverständlich – ja hoffentlich – haben Sie sich eine persönliche Meinung zum jeweiligen Thema erarbeitet, aber die Kinder und Jugendlichen müssen sich frei von Ihrer Meinung einen Standpunkt zulegen können. Und dafür sollen sie in der Schule und auch in anderen sozialen Kontexten die Grundlagen erwerben. Das braucht einerseits das nötige Wissen, andererseits sind auch der Aufbau emotionaler und sozialer Fähigkeiten essenziell, um im zwischenmenschlichen Kontakt und in erschwerten Lebenssituationen bestehen zu können. Gerade dafür sind Schulklassen, Kindertagesstätten und

Jugendgruppen ein ausgezeichnetes Lernfeld, in welchem gegenseitiger Respekt, Achtung vor der Meinung des anderen, Diskussionsfähigkeit, Toleranz, Verantwortung, Solidarität, Kooperationsfähigkeit und Mitgefühl erlebt und geübt werden können.

Im Folgenden wird der Fokus eher auf der Arbeit in der Schulklasse und im schulischen Umfeld liegen, aber selbstverständlich sind auch alle anderen Beziehungspersonen gemeint, mit denen Kinder ihre Zeit verbringen. Als Lehrer gehört es glücklicherweise zu Ihrem Berufsauftrag, die Kinder und Jugendlichen in diesen Kompetenzen zu fördern. Der Schulalltag bietet genügend Anlass dafür.

Beispiel:

Der zehnjährige Roman sitzt am Morgen schon früh im Klassenzimmer. Wie so oft hat er den Schulatlas aufgeschlagen und vertieft sich in die Karten. Heute hat er „Osteuropa" vor sich und will offensichtlich wissen, wo die Ukraine und Russland sind. Bald gesellen sich ein paar andere Kinder dazu und die unvermeidliche Frage kommt: „Warum ist Krieg in der Ukraine?"

Was soll der Lehrer nun antworten?

Auch hier gibt ihm eine Rückfrage den Kompass dafür, was Roman beschäftigt. Dieser erzählt von Bildern, die er auf seinem Handy gesehen hat, von Häusern mit Löchern und Fenstern mit zersprungenen Scheiben, und will wissen, warum das so ist.

Natürlich ist die Situation in der Schulklasse auch deshalb anders als im familiären Kontext, weil hier viele Kinder vereint sind. Und wie in fast allen Schulen sitzen auch in Romans Klasse Kinder aus verschiedenen Ländern. Da ist Adil, der mit seiner Mutter aus Syrien weggegangen ist, und Priya, deren Familie aus Sri Lanka kommt und dort den Krieg erlebt hat. Sie sitzt neben Marcia aus Portugal und Djamila aus Somalia, ebenfalls ein kriegsgebeuteltes Land. Sergej aus Russland ist erst seit Kurzem in der Klasse und hat sich schon mit Uros aus Serbien angefreundet, um nur einige der vielen Kinder und ihre Herkunftsländer zu nennen. Es ist eine kleine (große) Welt im Schulzimmer. Das muss der Lehrer dieser Klasse bei seiner Antwort einbeziehen. Der Lehrer hat schon etwas Erfahrung mit solchen Situationen, denn auch als Adil aus Syrien kam, hatten die Kinder viele Fragen. Die Kinder wollten damals wissen, warum es Krieg gibt und warum die Menschen von zu Hause weggehen. Deshalb entschließt sich der Lehrer zu folgender Antwort:

„Ihr wisst ja, dass es auf unserer Welt immer wieder Krieg gibt. Dann wird vieles kaputt gemacht durch die Soldaten, die gegeneinander kämpfen. Verschiedene unter euch sind auch deswegen zu uns gekommen. Ihr wisst darum schon, dass es eine komplizierte Geschichte ist, bis es zu einem Krieg kommt und man sich die Zeit nehmen muss, diese Geschichte genau zu erfahren und zu verstehen. Das werden eure Eltern, Großeltern oder auch älteren Geschwister übernehmen und es euch erzählen, wenn ihr das möchtet. Aber ihr könnt euch vielleicht überlegen, wie es ist, wenn ihr miteinander Streit habt. Dem ist oft auch etwas vorangegangen, das man wissen muss, sonst wird man schnell ungerecht. Das gilt auch für die Länder, wenn sie Streit zusammen haben. Und jetzt müssen die Regierungen dieser Länder zusammensitzen, einander zuzuhören und eine gerechte Lösung zu finden, so wie wir jeweils auch überlegen müssen, wie wir einen Streit beenden können."

Natürlich ist damit die Komplexität eines Kriegsgeschehens nicht vollständig erfasst, doch leuchtet es den Kindern ein, dass man auf viele Punkte beziehungsweise Perspektiven achten muss. Schon das kann ihnen Ängste nehmen und eine zusätzliche Perspektive geben, zumal sie erfahren, dass man sich nun um eine Lösung bemüht.

Denn da war noch die Frage von Adil aus Syrien: „Wird der Krieg auch zu uns kommen?" Offensichtlich beunruhigt ihn die Frage, ob es bald wieder so sein würde wie bei ihm zu Hause. Er ist, genauso wie Djamala, froh um die Antwort des Lehrers, mit der er ihn nicht seiner Angst und Fantasien überlassen hat.

Was tun, wenn vom Konflikt betroffene Kinder in der Klasse sind?

Speziell anspruchsvoll ist es natürlich, wenn ein Kind in der Klasse ist, das von einem aktuellen Konflikt besonders betroffen ist. In einem solchen Fall haben Sie die Aufgabe, mit besonderem Feingefühl auf die Fragen der Kinder einzugehen und die Dynamik unter ihnen zu beobachten. Wie im Gespräch mit den Eltern gilt es auch bei Kindern, Schuldzuweisungen an Länder und Personen unbedingt zu vermeiden – unabhängig davon, welche Schlüsse Sie schon für sich gezogen haben. Im Gegenteil müssen Sie sich eher in der Rolle des IKRK (Internationales Komitee vom Roten Kreuz) sehen, das unparteiisch und gleichwertig dort hilft, wo Not ist, und all denjenigen Kindern gleichwertig zur Seite stehen, die ihre Unterstützung brauchen. Das bedeutet, deutlich zum Ausdruck zu bringen, dass in einem Krieg alle Menschen leiden. Tun Sie das nicht, kann schnell einmal eine Stimmung in der Klasse entstehen, die sich gegen einzelne Kinder richtet, die aus den erwähnten Ländern kommen und nun ausgegrenzt werden können.

Beispiel

Es geht um Sergej. Er ist vor noch nicht allzu langer Zeit aus Russland nach Deutschland gekommen. Er hat sich schnell eingelebt und Deutsch gelernt. Nun spürte man aber, dass er in den vergangenen Tagen misstrauisch und zurückhaltend geworden war, hatte er doch viele negative Schlagzeilen über Russland mitbekommen und auch schon die eine oder andere persönliche Anfeindung erlebt. Es ist nicht einfach – auch für uns Erwachsene – mit seiner Meinung allein zu stehen und sich im Abseits zu fühlen. Wie musste es dann für Sergej sein? Zu Hause hat er eine angespannte Stimmung erlebt und die aktuelle Kriegssituation wurde anders diskutiert, als er es von anderen Kindern in der Schule hörte (leider oft auch in seinem Beisein). Die Großeltern von Sergej waren noch in Russland und bei den nahezu täglichen Telefonaten der Mutter mit ihren Eltern hatte er gespürt, dass sie in Sorge waren. Am Abend lief ein russisches Fernsehprogramm. Oft hat er auch gehört, wie seine Eltern sehr leise miteinander sprachen.

Auf dem Schulhof hat er erlebt, dass die Kinder auf ihn zeigten und dann zusammen tuschelten und in den Auslagen am Kiosk hat er Schlagzeilen gelesen, die sein Heimatland in Misskredit brachten.

Das ließ ihn möglicherweise befürchten, dass er das Wohlwollen des Lehrers verlieren wird, weil er „Russe" war, was für ihn vielleicht auch mit einem Gefühl der Scham verbunden war. Der Lehrer hat aber ruhig mit den Schülern gesprochen und diese Befürchtungen ausräumen können.

Für Sergej war es wichtig zu erleben, dass der Lehrer differenzieren kann und vorbehaltslos hinter ihm steht, spürt, dass für ihn die Situation nicht einfach ist und ihm den nötigen Schutz gibt. Das wird auch für seinen

Freund Uros aus Serbien wichtig sein, der einige Jahre zuvor in einer ähnlichen Lage war.

Für die anderen Kinder war es bedeutsam, zu erleben, dass niemand ausgegrenzt wird, man keine leichtfertigen Verallgemeinerungen machen darf und sich gerade in schwierigen Lebenssituationen mit gegenseitigem Respekt und Achtung begegnen muss. Sie erfuhren zudem, dass ein Problem viele Facetten haben kann und man stets versuchen sollte, die Situation des anderen Menschen in die eigenen Überlegungen einzubeziehen. Das ist eine Fähigkeit, die in sehr vielen Lebenssituationen erforderlich ist und zu den Grundlagen eines friedlichen Zusammenlebens gehört.

Die Perspektive der Kinder einnehmen

Es ist daher wichtig, das Gespräch mit den Kindern auf einer allgemeinen Ebene zu führen und dem Aufbau einer versöhnlichen Stimmung Priorität zu geben. Im vorhergehenden Beispiel hatte der Lehrer Wert darauf gelegt, dass die Kinder sich mit Respekt begegnen und gegenseitig zuhören. So hatte jedes Kind erzählen können, was es gehört hatte und was es beschäftigt. Das war nicht nur für Sergej und Uros wichtig. Auch die anderen Kinder der Klasse hatten das mitbekommen und überlegt, wie es ihnen an Sergejs Stelle wohl gehen würde oder ob sie auch schon Ähnliches erlebt und sich unverstanden oder gar ungerecht behandelt gefühlt hatten.

Beispiel:

Bei Marcia war es offensichtlich so, dass sie die ruhige Art, wie der Lehrer auf ihre Fragen eingegangen war, erleichtert hatte und sie wusste, dass es wichtig war, vorhandene Informationen mitzudenken und zusammenzufügen. Das war für sie von persönlicher Bedeutung, denn sie hatte sich am Tag zuvor genau deswegen von ihm ungerecht behandelt gefühlt. Deshalb erzählte sie nun, dass sie Pryia am Vortag einen Bleistift weggenommen hatte und empört gewesen war, weil der Lehrer ausschließlich mit ihr geschimpft hatte.

„Sie haben mir nicht zugehört, als ich Ihnen erzählen wollte, dass es mir zu viel geworden war, weil Pryia immer wieder ungefragt meine Filzstifte ‚ausleiht', obwohl ich das nicht will und da hatte ich einfach genug davon. Da fand ich Sie sehr ungerecht."

Der Lehrer verstand die Perspektive Marcias. Diese hatte offenbar aus dem gemeinsamen Gespräch den Schluss gezogen, dass man Konflikte klären muss und dabei seine Sicht der Dinge einbringen darf (und je nachdem auch ändern kann). Sie hatte auch verstanden, dass man immer auch die Vorgeschichte miteinbeziehen muss. Diese Erkenntnis hatte sie nun auf sich bezogen und eine konstruktive Möglichkeit gefunden, den Ärger loszuwerden, den sie mit sich herumtrug.

Fragen stellen, Gesprächsregeln und Rituale einhalten

Es liegt auf der Hand, dass Jugendliche vermehrt Näheres zum akuten Krisenherd oder auch zu Katastrophen wissen möchten als die jüngeren Kinder. Um die in solchen Situationen oft sehr eindringlichen Medieninformationen richtig nutzen zu können, braucht es nicht nur vertieftes Hintergrundwissen, sondern auch Kenntnisse darüber, mit welchen Mitteln Medieninformation heute arbeitet. Die Entwicklung dieser Kompetenzen beginnt idealerweise bereits im familiären Umfeld und wird durch die Schule ergänzt. Aber auch hier gilt es, sorgsam zu sein, damit

Sie keine Feindbilder und Hassgefühle fördern, indem Sie Schuldige benennen oder Informationen weitergeben, deren Wahrheitsgehalt Sie nicht verifizieren können. Nehmen Sie die Fragen der Jugendlichen zum Anlass, sie in die journalistischen W-Fragen einzuführen, die stets an die Presseerzeugnisse beider Seiten gestellt werden müssen und objektiven Journalismus auszeichnen:

Wer hat etwas getan?
Was hat er getan?
Wo hat er es getan?
Wann hat er es getan?
Wie hat er es getan?
Warum hat er es getan?
Woher ist die Information?

Denken Sie an die eingangs aufgeführten Regeln der Kriegspropaganda! Gerade in Zeiten, in denen viele Medienerzeugnisse Fragen über deren Wahrheitsgehalt aufwerfen, ist es wichtig, dass auch Jugendliche lernen, ihre medialen Informationsquellen zu hinterfragen. So können sie die Erfahrung machen, dass Neugier und eine sorgfältige Arbeitsweise ein guter Wegweiser sind. Das wird Ihnen im Gespräch mit Ihrer Klasse eine wichtige Unterstützung sein. In vielen Klassen sind auch Gesprächsregeln üblich, zum Beispiel, dass man sich ausreden lässt, sich gegenseitig mit Respekt vor der anderen Meinung zuhört und das, was andere sagen, in den eigenen Beitrag einbezieht. Solche Regeln und Rituale einzuhalten, ist gerade bei Themen, die kontrovers diskutiert werden, sehr wichtig und macht die Diskussion reichhaltiger und zielführender. Sie führen auch dazu, das Gespräch zu entschleunigen, seine Überlegungen sorgfältiger zu überlegen und achtsamer und respektvoller gegenüber der anderen Meinung zu sein.

Erfahrungen aus der Friedenspädagogik einbeziehen

Vorsicht ist geboten, wenn es um das Zeigen von Bildern und Filmen geht, welche die Gewalt und das menschliche Leid im Krieg dokumentieren – und das nicht nur bei kleineren Kindern, wie Erkenntnisse aus der Friedenspädagogik zeigen.[20] Man versuchte dort, bei der heranwachsenden Generation eine Abscheu gegenüber dem Krieg zu erzeugen. Zu diesem Zweck gestaltete man Ausstellungen mit Bildern, welche die Gräuel des Krieges zeigten. Aber die damit konfrontierten Kinder entwickelten entweder Ängste, Nervosität sowie Unsicherheit oder sie bildeten eine Gewöhnung an Gewalt und gefühlsmäßige Abstumpfung aus. Heute ist aufgrund der entwicklungspsychologischen Forschung – speziell der Bindungsforschung – klar, dass dieser Weg nicht tauglich ist, weil er das Grundvertrauen des Kindes in seine Mitmenschen und in die menschliche Gemeinschaft herabsetzt und es dadurch in seiner ganzen Persönlichkeit geschwächt wird.[21] Kinder brauchen Erwachsene, die ihnen als Vorbilder den Weg des Friedens vorleben und den notwendigen Schutz geben, damit ihre seelische Entwicklung nicht leidet.

Lohnend ist es hingegen, wenn Sie sich als wichtige außerfamiliäre Bezugspersonen gemeinsam mit den Kindern und Jugendlichen damit befassen, welche Versuche auf internationaler Ebene bis dahin unter-

---

20 Vgl. Buchhol, Gautschi, Güttinger, unveröffentlichtes Manuskript.
21 Vgl. Bandura, 1979 und Lefkowitz et al., 1977

nommen wurden, um einen dauerhaften Frieden auf der Welt möglich zu machen. Das ist auch schon bei jüngeren Kindern möglich.

BONUSMATERIAL

Vergessen Sie nicht, Ihr Bonusmaterial kostenlos herunterzuladen.

Scannen Sie
den QR-Code oder besuchen Sie
https://www.brainbook-verlag.de/bonus/

KAPITEL | **FÜNF**

PROJEKTBEISPIELE FÜR DIE SCHULE UND AUSSERFAMILIÄRE BETREUUNGSANGE-BOTE

Das Zentrum aller Bemühungen, Kindern und Jugendlichen in Katastrophen- und Krisensituationen beizustehen, ist das Gespräch, mit dem wir ihren Unsicherheiten und Ängsten begegnen können. Wir sollten aber nicht einfach bei den Tagesaktualitäten stehen bleiben, um dann nach gegebener Zeit wieder zum Alltag zurückzukehren. Die nachstehend dargestellten Projekte und Themenvorschläge sind deshalb als Möglichkeiten zu verstehen, wie man präventiv wirken und mit Kindern und Jugendlichen im außerfamiliären Rahmen über Kriege und Katastrophen ins Gespräch kommen kann, auch dann, wenn nicht ein Brennpunkt das Tagesgespräch beherrscht. Es geht darum, sie altersgemäß mit den Grundlagen des menschlichen Zusammenlebens vertraut zu machen und bei ihnen das Gefühl sozialer Verbundenheit und ihr Verantwortungsgefühl für das menschliche Zusammenleben zu stärken. Vor diesem Hintergrund können Sie vielen Kindern und Jugendlichen Zuversicht geben, sie in ihrem Gefühl der Selbstwirksamkeit fördern und ihnen eine Perspektive eröffnen, wie sie einen Beitrag zum Zusammenleben auf der Welt leisten und zeigen, wie sie selbst aktiv werden können. Diese Möglichkeit der Aktivität ist in Krisensituationen sehr wichtig für die Stimmungslage von Kindern und Jugendlichen. Es schützt sie vor emotionalen Einbrüchen und dem Gefühl der Sinnlosigkeit. Deshalb gilt es, auch an die Zukunft zu denken! Kinder und Jugendliche brauchen und schätzen Herausforderungen, an denen sie wachsen können. So können wir ihnen helfen, den Schritt in die nächste „Zone der Entwicklung"[22] zu machen.

Die folgende Ideensammlung ist als bunter Blumenstrauß zu verstehen, aus dem Sie sich diejenigen Blumen aussuchen, von denen Sie finden, dass sie zu Ihnen und Ihrer Klasse beziehungsweise Ihren Kindern oder Jugendlichen passen. Sie sind aus dem Schulalltag entstanden, können aber auch in anderen sozialen Umfeldern umgesetzt werden. Die Alters-

---

22 Basierend auf einem Konzept des russischen Psychologen Lev Vigotsky.

angaben sind selbstverständlich nicht in Stein gemeißelt. Als Lehrer (oder andere wichtige Betreuungsperson des Kindes) haben Sie ein Gespür dafür! Viele von Ihnen werden es schätzen, dass man speziell im schulischen Umfeld – oft angeregt durch Ideen anderer – Projekte und Themenreihen entwickeln kann, die zum eigenen Unterrichtsstil und zur Klasse passen, immer mit dem Ziel, bei den Kindern und Jugendlichen selbständiges Denken und die sozial-emotionale Entwicklung zu fördern. Das wird sie befähigen, auch in anderen schwierigen Lebenssituationen nicht aufzugeben, sondern die Zuversicht und Hoffnung zu behalten, mit einem eigenen Beitrag an konstruktiven Lösungswegen mitzuwirken. Dabei stößt man immer wieder auf „Perlen" und Erfahrungsberichte, die man in den Unterricht und selbstverständlich auch in anderen Bildungs- und Betreuungsinstitutionen einbeziehen kann. Diese möchten wir Ihnen anhand der folgenden Beispielen, die sich alle in der Berufspraxis bewährt haben, vorstellen.

Projekte und Themen mit Grundschulkindern zwischen 6 und 10 Jahren

Handabdrücke – wir gehören alle zur Menschheitsfamilie

Das folgende Beispiel veranschaulicht eine Möglichkeit, die Sie speziell in einer Klasse mit Schülern aus verschiedenen Kulturbereichen gut umsetzen können.

Eine Grundschullehrerin erzählte in ihrem Team von einem Bilderbuch[23], das die Menschenrechte in kindgerechter Art und ansprechenden Bildern thematisierte. Die Kinder hatten sehr interessiert auf das Thema reagiert und als die Lehrerin mit den Kindern einen Handabdruck in Ton herstellte, staunten sie, dass man gar nicht erkennen konnte, welche Hautfarbe jemand hat, wie groß er ist, ob seine Haarfarbe blond oder schwarz und die Augen blau oder braun sind. Eine Kollegin hatte ein ähnliches Projekt gemacht. Die Kinder durften ihre Hände mit Farbe bestreichen und dann gemeinsam ein Plakat bedrucken. Mit dieser Erfahrung hatte sie einen guten Ausgangspunkt geschaffen, um mit den Kindern ihrer Klasse – die, wie heute üblich, aus verschiedenen Ländern kamen – darüber ins Gespräch zu kommen. Sie hatten bildlich erlebt, dass sie zwar aus sehr verschiedenen Orten der Welt kommen und ganz verschieden aussehen, aber doch in vielem gleich und vor allem gleichwertig sind. Danach machten die

---

23 Murray, Marie/ Hanane, Kai (2020): Gleiches Recht für alle! Stuttgart: Thienemann-Esslinger Verlag.

Kinder Zeichnungen von ihren Wohnorten hier oder in ihrem Heimatland, die sie danach den anderen Kindern zeigten und erklärten – auch das ist ein Beitrag zur Völkerverständigung. Die Stimmung in der Klasse war viel „weicher" geworden, wie die Lehrerin berichtete.

Sich einfühlen lernen

Als fruchtbringend erwies es sich in einer anderen Grundschulklasse, sich mit der Situation von Menschen befassten, die erblindet sind. Die Kinder hatten in der Klasse gemeinsam eine Geschichte gelesen, wie ein junger Hund dazu erzogen wird, diese Menschen in ihrem Alltag zu begleiten.

Der Lehrer hatte daraufhin eine blinde Frau in die Klasse eingeladen, die sich in ihrem Alltag von einem solchen Hund unterstützen ließ. Sie kam sehr gerne und zeigte den Kindern alles, was sie und ihr Hund miteinander gelernt hatten und sie erzählte ihnen, dass der Hund ein ganz wichtiger Freund in ihrem Leben war. Die Kinder waren sehr beeindruckt von den vielfältigen Fähigkeiten der beiden und speziell auch wie die Frau mit ihren Fingern „sehen" konnte. Als ein Schulfest vor der Tür stand, überlegte sich die Klasse, einen anspruchsvollen, aber lustigen Parcours vorzubereiten, den man mit verbundenen Augen absolvieren musste. Sie wollten jedoch nicht nur ein vergnügliches Angebot zum Schulfest beitragen, sondern den anderen Kindern auch ihr neues Wissen präsentieren. Sie gestalteten Plakate mit Informationen und einem zugehörigen Wettbewerb. Es wurde eine große Attraktion! Ihr Sparschweinchen für freiwillige Beiträge füllte sich schnell. Sie spendeten das Geld einem Hilfsprojekt, das sich in einem asiatischen Land für die Bildung, Ausbildung und Betreuung blinder und sehbehinderter Kinder einsetzte. Darauf waren sie sehr stolz!

Eigenständigkeit fördern: do it yourself – ich kann es selbst

In einem Kindergarten war dem Team aufgefallen, dass viele Kinder sehr unselbständig waren. Verschiedene Kinder konnten sich kaum die Schuhe selbst anziehen, den Reißverschluss der Jacke zuziehen, ein Brot streichen oder nur die hervorgeholten Spielsachen wieder aufräumen. Das Team aus Erziehern dachte sich daraufhin ein neues Projekt aus, bei dem die Kinder möglichst viel Eigenaktivität entwickeln sollten. In ihrem Fundus an Bilderbüchern fand es eines, bei dem zwei Jungen ein eigenes Haus bauen wollten[24]. Daraus entwickelte das Team die Idee, im

---

24 Heidrun Petrides (2011): Der Xaver und der Wastl. Atlantis-Verlag.

Garten des Kindergartens auch ein solches Haus zu bauen. Es konnte bei der Planung und Umsetzung auf die handwerklichen Kompetenzen einiger Eltern zurückgreifen. Angefangen und losgelegt, waren nun schon während einiger Wochen abwechslungsweise eine Gruppe von Kindern am Sägen, Nägel in Bretter einschlagen und Streichen. Selbstverständlich wurden sie mit entsprechenden Kleidern und Schuhen, die sie vor herumliegenden Nägeln oder Splittern schützen sollten, ausgerüstet. Die anderen Gruppen fertigten Vorhänge an oder bereiteten das Frühstück für alle zu. Manchmal musste auch ein Holzsplitter aus einem Finger gezogen oder ein kleiner Schnitt verarztet werden, aber auch hierzu wurden die Kinder angeleitet. Selbstverständlich gab es ein Einweihungsfest, zu dem alle Eltern eingeladen wurden. Um alle Besucher zu bewirten, brauchte es Kuchen und Getränke. Nun waren wieder alle gefordert, die Kinder und das Team, aber als das Haus dann stand, war der Stolz der Kinder unübersehbar. Sie hatten in dieser Zeit nicht nur einen erheblichen Zuwachs an handwerklichen Kompetenzen vorzuweisen, sondern vor allem auch gelernt, sich anleiten zu lassen und im Team zusammenzuarbeiten. Der größte Lernerfolg war jedoch, dass sie realisierten, dass sie vieles selbst können und das machte sie insgesamt „größer".

Genau dieses „Größersein" ist besonders in Krisensituationen sehr wichtig. Es kann den Kindern Selbstsicherheit, Zuversicht und Hoffnung geben. Sie selbst können auch ihre Umgebung gestalten und etwas mitbewirken.

Projekte und Themen mit Kindern zwischen 10 und 13 Jahren

Henri Dunant – gleichwertige Hilfeleistung

In einer Klasse mit etwas älteren Kindern hatte die Lehrerin eine Themenreihe zum Roten Kreuz ausgearbeitet. Dazu hatte sie mit den Kindern die Biografie von Henry Dunant, dem Begründer des Roten Kreuzes, gelesen und Arbeitsblätter gelöst. Im Anschluss daran organisierte sie einen Erste-Hilfe-Kurs mit einem örtlichen Samariterverein. Nicht nur, weil die Kinder auf diese Weise übten, wie man Pflaster kleben oder einen Fuß verbinden kann. Es ging ihr auch darum, dass sie lernten, aufeinander zu achten und sich gegenseitig zu helfen. Fortan hatten die Kinder ein kleines Ersthilfeset, das sie mit der Lehrerin für Textiles Werken hergestellt hatten, in der Schultasche.

Pablo Picasso – mit Pinsel und Stift für den Frieden

Im Kunstunterricht hatten sich die Kinder mit Pablo Picasso und dessen „Grafik gegen den Krieg" befasst. Sie suchten sich aus den vielen Bildern eines aus, das ihnen besonders gefiel und zeichneten eine eigene Version dazu. Sie staunten, dass Picasso für ein Plakat für den Friedenskongress 1949 in Paris mehr als hundert Skizzen und Zeichnungen angefertigt hatte. Auch lernten sie, dass Picasso schon als Kind oft Tauben in die Bilder seines Vaters gemalt hatte. Die Kinder malten sehr ausdauernd an ihren Bildern. Die Lehrerin vermutete, dass das zusätzliche Wissen um Picasso dies forcierte. Sie hatten also nebst einem Einblick in die Kunstgeschichte auch ihre Arbeitshaltung verbessern können.

Partnerschule – sich mit den Kindern der Welt verbinden

Eine andere Schule hatte ein Projekt mit einer Partnerschule gestartet, die von einem Hilfswerk in einem afrikanischen Slum aufgebaut und betrieben wurde.

Die Kinder der deutschen Schule organisierten ein Adventsfest, um dessen Erlös dieser Schule dort zukommen zu lassen, damit die Kinder täglich eine Mahlzeit erhielten und ein neuer Schulpavillon gebaut werden konnte. Per Zoom und mit Maildokumenten gab ihnen der Schulleiter jeweils ein Echo. Auch das ist ein Projekt nicht nur zur Völkerverständigung, sondern auch, um die Kinder und ihr Gefühl der Selbstwirksamkeit zu stärken.

Folgen des Krieges – Empathie fördern

Oft ist heutigen Kindern wenig bewusst, dass Krieg und Katastrophen sich auch langfristig auf das Leben von Menschen auswirken können. Eine Lehrerin, in deren Klasse das Vorlesen von Geschichten sehr geschätzt wurde, wählte deshalb die Biografie eines japanischen Mädchens, das als Vierjährige den Abwurf der Atombombe auf Hiroshima erlebt hatte und mit vierzehn Jahren krank wurde[25]. Für die Kinder war es eindrucksvoll, mitzuerleben, wie das Mädchen gegen sein Schicksal kämpfte und glaubte, dies durch das Falten von tausend Papierkraninchen tun zu können. Denn diese stehen in der japanischen Tradition für Glück und Gesundheit. Und die Legende, dass sich ein Wunsch erfüllt, wenn man tausend Kraniche gefaltet hat, ist fest in der japanischen Kultur verankert. Das Buch berührte die Kinder sehr und sie wollten selbstverständlich Genaueres über diese Zeit wissen und befassten sich mit der Geschichte jener Zeit. Natürlich lernten sie auch, diese Kraniche zu falten (und dabei eine entsprechende Anleitung im Internet zu suchen). Origami (japa-

---

[25] Johanna Hohnhold. Sadako. Ein Wunsch aus tausend Kranichen (2017). In seiner ursprünglichen, sprachlich anspruchsvolleren, immer wieder neu aufgelegten Form ist es von Karl Bruckner dem Titel: „Sadako will leben" veröffentlicht.

nische Faltkunst) wurde für einige Zeit zu einem neuen Hobby und bald hingen im Schulzimmer unzählige Kraniche.

Projekte und Themen mit Jugendlichen ab 13 Jahre

Menschenrechte – Begegnungen mit Respekt und gegenseitiger Achtung

Das Thema „Menschenrechte" ist auch für dieser Altersstufe aktuell. Es kann gut altersgemäß aufbereitet werden.

Ein Lehrer berichtete, wie er mit seiner Klasse im Geschichtsunterricht den Zweiten Weltkrieg besprochen hatte. Anschließend hatte er mit der „Allgemeinen Erklärung der Menschenrechte der Vereinten Nationen" die dem Krieg folgenden internationalen Bemühungen um einen nachhaltigen Frieden ins Gespräch gebracht. Er beobachtete, dass die Jugendlichen zuerst sehr beeindruckt gewesen waren über den langen Zeitraum von Jahren, in dem man miteinander diskutiert hatte, welche Regeln künftig für alle Länder auf der Welt verbindlich sein sollten. Sie selbst waren es gewohnt, Themen schneller abzuhandeln. Aus einer vereinfachten Version des Dokuments hatten sie sich danach ein Menschenrecht ausgesucht, das ihnen persönlich besonders wichtig erschien und ihre Auswahl mithilfe eines Plakats und eines zugehörigen Textes begründet. Sie veranstalteten damit eine Ausstellung im Schulhaus mit einer feierlichen Vernissage, zu der sie die anderen Klassen und auch die Eltern einluden.

Humanitäres Völkerrecht – auch im Krieg gelten Regeln

Jugendliche sind meist sehr interessiert an bisherigen Bemühungen, auf der Welt friedlich zusammenzuleben. Das gibt ihnen Zuversicht und Hoffnung, dass die Zukunft auch friedlicher sein könnte. Manchmal ist dazu ein bereits gut aufgearbeitetes und dokumentiertes Kriegsgeschehen besser geeignet als aktuelle Konflikte.

In einer Klasse war der Erste Weltkrieg Unterrichtsthema gewesen und dabei die Frage aufgekommen, ob es eigentlich im Krieg Regeln gäbe, zum Beispiel im Umgang mit Kriegsgefangenen oder der Zivilbevölkerung. Die Lehrerin griff die Frage auf und nutzte dazu entsprechende Lehrmittel mit Materialien und Filmen,[26] mit denen die Jugendlichen das humanitäre Völkerrecht entdecken konnten. Das war verbunden mit einem Gang durch die Geschichte des Rassismus, aus der sich wiederum viel Diskussionsstoff ergab. Zum Beispiel staunten die Jugendlichen, dass es noch nicht so lange her ist – 1954, als die (Ur-)Großmutter noch zur Schule ging – dass in einem Südstaat der USA die Rassentrennung an Schulen als gesetzeswidrig erklärt wurde. Sie konnten sich in die Situation jenes Mädchens einfühlen, das drei Jahre, nachdem das Gesetz eingeführt worden war, von der Nationalgarde daran gehindert wurde, sich für eine bisher Weißen vorbehaltene Schule einzuschreiben und spielten die Situation nach, in der sich das Mädchen befand.

Die weiterführende Auseinandersetzung mit dem Thema war für die Klasse wegweisend. Das sei in den folgenden Diskussionen zu spüren gewesen, wie die Lehrerin sagte.

---

26 Jugendrotkreuz Deutschland, Schweiz, Luxemburg, Österreich (Hrsg.): Entdecke das humanitäre Völkerrecht. Erhältlich in digitaler und gedruckter Form bei den entsprechenden Länderorganisationen. Das Lehrmittel wurde ursprünglich vom IKRK ausgearbeitet und ist heute in 19 Sprachen erhältlich.

Für die Jugendlichen war klar, dass ein Kriegsgeschehen möglichst schnell durch einen Waffenstillstand gestoppt werden muss, gefolgt von dringender humanitärer Hilfe und einer internationalen Konferenz, auf der versucht wird, einen Kompromiss zu finden, der zu einem dauerhaften Frieden in der Region beiträgt. Genauso wie bei einer anderen Katastrophe, einer Überschwemmung oder einem Lawinenniedergang, die Hilfeleistung an die betroffenen Menschen möglichst schnell erfolgen muss und dabei alle Beiträge gefragt sind, wie man es im Sommer 2021 im Ahrtal gesehen hatte.

Manipulationstechniken in Bild und Film entdecken

Natürlich bieten sich einige Schulfächer wie Geschichte, Deutsch, Ethik oder Politik geradezu an, solche Themen zu behandeln. Aber auch im Medienunterricht gibt es die Möglichkeit, den Jugendlichen zum Beispiel zu zeigen, wie man mit Bildbearbeitungsprogrammen Fotos manipuliert – nicht einfach mit Filtern schöner macht, sondern wichtige Elemente aus einem Bild entfernen oder hinzufügen kann. Ebenso kann ein Video hergestellt und mit gezieltem Schneiden in einen völlig anderen Zusammenhang gestellt werden. Das sind Techniken, die in der Werbung, die den Schülern alltäglich auf ihren Handys zugeschickt wird, üblich. Sie sind aber auch ein wichtiges Element der Kriegspropaganda. So können Jugendliche ein Gefühl für Fake News und Fälschungen entwickeln, die eine realistische Auseinandersetzung mit den Problemen erschweren. Erfahrungsgemäß schätzen das Jugendliche sehr und haben Spaß daran, solche „Tricksereien" aufzudecken.

IKRK – Hilfeleistung bei Katastrophen und im Krieg

Als lohnend erwies es sich in einer anderen Klasse, sich ebenfalls (wie schon die Kleinen) mit den Grundsätzen des Internationalen Roten Kreuzes zu befassen. Sie studierten den Kontext der Entstehung und luden einen IKRK-Delegierten in die Klasse ein, der ihnen einen Einblick in seine Tätigkeit gab. Sie organisierten in der Folge an ihrer Schule einen Sammeltag, an dem die Jugendliche selbstgebackenen Kuchen verkauften, nachdem sie zuvor in allen Klassen ein Referat zum Thema gehalten haben. Den Erlös spendeten sie dem Roten Kreuz, damit es in deren Sinne allen vom aktuellen Krieg – damals im Irak – betroffenen Menschen zu Gute kam. Gegen Ende ihrer Schulzeit planten sie eine Klassenfahrt nach Genf, um dort das Museum des Internationalen Roten Kreuzes zu besuchen. Im Vorfeld befassten sie sich zudem mit den vielen dort ansässigen internationalen Organisationen wie der UNO.

Nun liegt es an Ihnen, sich aus dem Blumenstrauß der Ideen die schönsten und passendsten herauszusuchen und vielleicht sogar zu erweitern. Sie können auch schulintern eine Sammlung solcher Methoden und Projekte aufbauen, um Ihren Kollegen Zugang zu diesen wunderbaren Hilfsmitteln zu verschaffen. Mit solchen Projekten und den dazugehörigen Gesprächen können Sie die Kinder und Jugendlichen darin unterstützen, sich jene Kompetenzen anzueignen, die ihnen in Krisenzeiten Sicherheit und Mut geben, zuversichtlich zu bleiben und nach vorne zu schauen.

KAPITEL SECHS

LITERATURVER-ZEICHNIS

Bandura, Albert (1979): *Aggression – Eine sozial-lerntheoretische Analyse*. Stuttgart: Klett-Cotta.

Buchholz, Annemarie; Gautschi, Eliane; Hanke Güttinger, Henriette. *Friedenserziehung heute – eine Besinnung*. Unveröffentlichtes Manuskript.

Gollwitzer, Peter (1991): *Abwägen und Planen: Bewusstseinslagen in verschiedenen Handlungsphasen (Motivationsforschung)*. Göttingen: Hogrefe.

Heckhausen, Gollwitzer & Weinert (1987): *Jenseits des Rubikon. Der Wille in den Humanwissenschaften*. Heidelberg: Springer-Verlag.

Institut für Generationenforschung (2022): *Krieg in Europa! Wie reagieren die jeweiligen Generationen?* URL: https://www.generation-thinking.de/post/krieg-in-europa-wie-reagieren-die-jeweiligen-generationen, aufgerufen am 13.04.2022.

Lefkowitz M./ Eron L.D./ Walder L.O./ Huesmann L.R. (1977): *Growing up to be violent: A Longitudinal Study of Developement of Aggression*. New York/ Frankfurt a.M.: Pergamon.

Maas, Rüdiger (2021): *Cyberpsychologie in der Arbeitswelt. Was Führungskräfte über die Auswirkungen des Internetkonsums wissen müssen*. München: Carl Hanser Verlag.

Mangold, Roland (2007): *Informationspsychologie. Wahrnehmen und Gestalten in der Medienwelt*. München: Elsevier.

Morelli, Anne (2021): *Die Prinzipien der Kriegspropaganda*. Springe: zu Klampen-Verlag.

Ponsonby, Anton (1999): *Lügen in Kriegszeiten. Eine Sammlung und kritische Betrachtung von Lügen, die während des Ersten Weltkrieges bei allen Völkern in Umlauf waren*. Viöl/Nordfriesland: Verlag für ganzheitliche Forschung. Faksimile der Ausgabe von 1930.

Ronzin, P., Royzman, E. (2001): *Negativity bias, negativity dominance, and contagion.* In: Personality and Social Psychology Review. 5 (4): 296–320. DOI:10.1207/S15327957PSPR0504_2. S2CID 4987502.

Siang Yong Tan (2018): *Hans Selye (1907–1982): Founder of the stress theory.* In: Singapore Med J 2018; 59 (4): Seite 170-171. doi: https://doi.org/10.11622/smedj.2018043.

Tomasello, Michael (2012): *Warum wir kooperieren.* Berlin: Suhrkamp (Edition Unseld).

Vygotski, Lev (1987): *Ausgewählte Schriften.* Band 2: Arbeiten zur psychischen Entwicklung der Persönlichkeit. Köln: Pahl-Rugenstein.

Ward, A.F., Gneezy, A. & Bos, M.W. (2017): *Brain drain: The mere presence of one´s own smartphone reduces available cognitive capacity.* Journal of the Association for Consumer Research, 2(2). DOI:140–154. 10.1086/691462.

Bewerben Sie sich doch als Testleser:in bei BrainBook!

Testleser:innen erwarten exklusive Vorteile:

- ☑ Sie erhalten kostenlose Leseexemplare.
- ☑ Sie können zum Entstehungsprozess unserer Bücher beitragen und dabei unverfälschte Einblicke in die Entwicklung eines Buches gewinnen.
- ☑ Sie haben die einmalige Möglichkeit, mit unseren Autor:innen in Kontakt zu treten.
- ☑ Wenn Ihr Feedback besonders hilfreich ist, werden Sie in dem Buch erwähnt.
- ☑ Ihr Exemplar des Buches wird Ihnen kostenfrei und schon Wochen vor der offiziellen Veröffentlichung zugesandt, sodass Sie sich weder um die Bestellung noch um verzögerte Lieferzeiten zu sorgen brauchen.

Wenn wir Ihr Interesse wecken konnten, bewerben Sie sich doch noch heute kostenlos als Testleser:in und werden Sie Teil des kreativen Teams.

Besuchen Sie
http://brainbook-verlag.de/testleser
oder scannen Sie bequem den QR-Code.